MELANIE BANGEL
ASTRID MÜLLER

Lösungen und Kommentare für Lehrkräfte

Wörtern und Sätzen auf der Spur

Klett | Kallmeyer

Inhaltsverzeichnis

Lösungen und Kommentare

Teil A

Silben und Wörter untersuchen

Kommentar:

Vorwissen	Wörter in Sprechsilben gliedern
Lernziele	Die Schülerinnen und Schüler können Silbengrenzen in geschriebenen Zweisilbern identifizieren. Sie lernen trochäische Zweisilber als Schlüsselwörter für die Analyse von Schreibungen kennen.

Lösungen zu Seite 4:

Aufgabe 1 :

Wie viele Silben haben Wörter?

Arbeitet zu zweit.

a Lest euch abwechselnd die Wörter aus dem Kasten vor. Zählt die Anzahl der Silben in jedem Wort und schreibt die Zahl unter das Wort.

b Sprecht darüber, wie man die Anzahl der Silben feststellen kann.

Tisch, Kuchen, Zwiebel, Stufe, Buch, Rose, Kiste, Kasten, Stein, Wände, Fenster, Lampen, Banane, Spiegel, Rosine, Regen, Freund, lesen, rasten, rosten, warten, ziehen, lenken, gießen, laufen, schlafen, denken, schwindeln, trocken, arm, fest, schlau

Aufgabe 2 :

Wo ist die Silbengrenze?

Arbeitet zu zweit.

a Lest euch abwechselnd die Wörter aus dem Kasten vor:

Eis, kaufen, Kiste, Reis, Rest, Esel, Most, Kalender, Marmelade, Schokolade, Tomate, Kinder, lesen, Blume, raten, bremsen, froh, lösen, Freude, Limonade, Haus, Hände, gehen, liegen, Ofen, reden

b Übertragt die Tabelle in euer Heft. Zählt die Silben in jedem Wort und schreibt die Wörter untereinander in die entsprechende Spalte.

Diese Wörter haben

eine Silbe	zwei Silben	drei und mehr Silben
Eis, Reis, Rest, Most, froh, Haus	kau|fen, Kis|te, E|sel, Kin|der, le|sen, Blu|me, ra|ten, brem|sen, lö|sen, Freu|de, Hän|de, ge|hen, lie|gen, O|fen, re|den	Kalender, Marmelade, Schokolade, Tomate, Limonade

c Lest die Wörter in der **zweiten Spalte:** Wo macht ihr beim Sprechen eine Pause? Das ist die Silbengrenze. Kennzeichnet sie in den Wörtern der zweiten Spalte so: zei|gen lan|den

Kommentar:

Vorwissen	Wörter in Schreibsilben gliedern
Lernziele	Die Schülerinnen und Schüler lernen die Silbenprobe als Analyseinstrument zur Untersuchung der Schreibsilbe in trochäischen Zweisilbern kennen.
Wichtig	Die Silbenprobe wird ausschließlich an Wörtern mit betonter Haupt- und unbetonter Reduktionssilbe durchgeführt. Das sind die Schlüsselwörter.

Lösungen zu Seite 5:

Aufgabe 3 :

Die Silbenprobe – unsere „Forscherbrille“

a Schreibt die fettgedruckten Wörter aus dem Kasten ab und kennzeichnet die Grenze zwischen den Silben: ra|ten.

raten, **kaufen**, der **Esel**, die **Insel**, **reiten**, die **Felder**, **üben**, **finden**, **alte**, **grüne**, die **Steine**, **fegen**, **runde**, **loben**, **rosten**

ra|ten, kau|fen, E|sel, In|sel, rei|ten, Fel|der, ü|ben, fin|den,
al|te, grü|ne, Stei|ne, fe|gen, run|de, lo|ben, ros|ten

b Setzt unter jede Silbe bei den Wörtern aus Aufgabe a einen Silbenbogen.

In dieser Aufgabe habt ihr die **Silbenprobe** kennengelernt.
Mit der Silbenprobe können wir die Schreibung von zweisilbigen Wörtern besonders gut untersuchen.

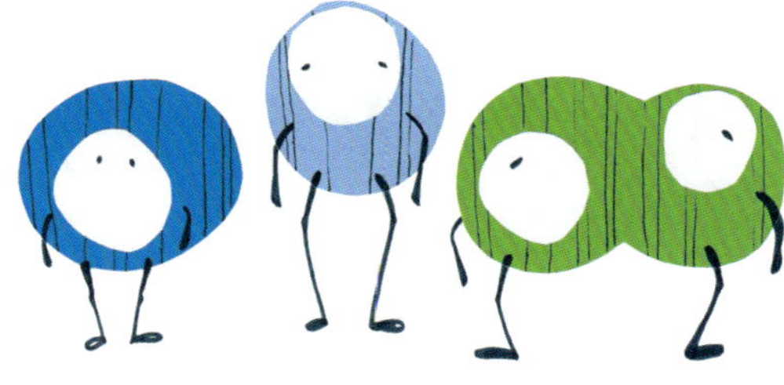

A

Kommentar:

 **Vorwissen**	Wörter in Schreibsilben gliedern, Fachbegriff: Silbengrenze
 **Lernziele**	Die Schülerinnen und Schüler entdecken, dass in jeder geschriebenen Silbe ein Vokalbuchstabe steht, der den Silbenkern bildet. In der zweiten Silbe ist dies immer ein <e>.

Lösungen zu Seite 6:

Aufgabe 4 :

Was gehört in eine Silbe?

Vokalbuchstaben
einfache Vokalbuchstaben: ***a, e, i/ie, o, u***
besondere Vokalbuchstaben:
Umlautbuchstaben: ***ä, ö, ü***
Doppelvokalbuchstaben: ***ai, au, äu, ei, eu***

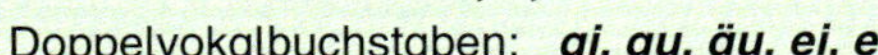

a Sucht in den fettgedruckten Wörtern aus dem Kasten unten jeweils die einfachen und besonderen Vokalbuchstaben. Kreist sie mit einem Bleistift ein.

Doppelvokalbuchstaben und ***ie*** gehören immer zusammen und werden zusammen eingekreist.

wei | nen, das **U | fer**, **fin | den**, **lo | ben**, die **Küs | te**, **lü | gen**, **bö | se**, der **E | sel**, **flie | gen**, **blei | ben**, die **Tau | be**, **fra | gen**

b Markiert in allen Wörtern die Silbengrenze, z. B. **wei | nen.**

c Vergleicht die Anzahl der Silben mit der Anzahl der Kreise in den Wörtern. Überprüft, welcher Vokalbuchstabe immer in der zweiten Silbe steht.
In der zweiten Silbe steht immer ein e.

d Was habt ihr entdeckt? Vervollständigt den folgenden Merksatz:

In jeder Silbe steht immer ein Vokalbuchstabe.
Dieser bildet den **Silbenkern**.

Kommentar:

Vorwissen	Wörter in Schreibsilben gliedern, Fachbegriff: Vokalbuchstabe
Lernziele	Die Schülerinnen und Schüler experimentieren mit dem Austausch der Vokalbuchstaben in der Hauptsilbe und entdecken, dass dadurch neue Wörter entstehen können.

Lösungen zu Seite 7:

Aufgabe 5 :

Was passiert, wenn Vokalbuchstaben ausgetauscht werden?

Arbeitet zu zweit oder allein. Ihr benötigt die Übersicht über die Vokalbuchstaben aus Aufgabe 4.

a Kreist in der ersten Silbe der zweisilbigen Wörter aus dem Kasten den Vokalbuchstaben ein.

Beispiellösung:

der **Hase**, die **Tasche**, die **Rosen**, die **Hände**, **liegen**, **wandern**, **rote**, **tauschen**, die **Tonne**, **knarren**, die **Windel**, die **Wände**, **laufen**, **rufen**, **zeigen**

b Ersetzt den Vokalbuchstaben der ersten Silbe durch einen anderen. Wenn das neue Wort einen Sinn ergibt, schreibt es auf:

der Hase – die Hose, die Tasche – die Tische,
die Rosen – der Rasen, die Hände – die Hunde,
liegen – lügen, wandern – wundern, rote – rate,
tauschen – tuschen, die Tonne – die Tanne,
knarren – knurren, die Windel – der Wandel,
die Wände – die Winde, laufen – liefen,
rufen – raufen, zeigen – zogen

A

Kommentar:

Vorwissen	Fachbegriffe: Silbengrenze, Vokalbuchstabe, Konsonantbuchstabe, Strategie: Silbenprobe
Lernziele	Die Schülerinnen und Schüler entdecken mit Hilfe der Silbenprobe offene und geschlossene Silben. Sie erkennen, dass in offenen Silben (Hauptsilbe endet auf einen Vokalbuchstaben) der Vokal lang und gespannt gesprochen wird und in geschlossenen Silben (Hauptsilbe endet auf einen Konsonantbuchstaben) kurz und ungespannt.

Lösungen zu Seite 8:

Aufgabe 6 :

Was sind offene und geschlossene Silben?

a Markiert die Silbengrenze wie im Beispiel.

b Setzt unter jede Silbe einen Silbenbogen (**Silbenprobe**).

Gruppe 1:

le | gen, ru | fen, rei | chen, ho | len,

die Stra | ße, bie | gen, sa | gen

Gruppe 2:

fas | ten, die Län | der, stol | pern, brem | sen,

hal | ten, mel | ken, äl | ter

c Untersucht, wie die **erste Silbe** jeweils endet:

Wie endet die erste Silbe in den Wörtern aus Gruppe 1?

Die erste Silbe endet auf einen Vokalbuchstaben.

Wie endet die erste Silbe in den Wörtern aus Gruppe 2?

Die erste Silbe endet auf einen Konsonantbuchstaben.

d Sprecht die Wörter aus beiden Gruppen noch einmal. Vergleicht, wie die Vokale in der ersten Silbe in den Wörtern aus Gruppe 1 und wie sie in den Wörtern aus Gruppe 2 gesprochen werden.

e Schreibt den Merksatz zu Ende.

Endet die erste Silbe auf einen **Vokalbuchstaben,** dann wird der Vokal *lang und gespannt* gesprochen. Die Silbe ist **offen**.

Endet die erste Silbe auf einen **Konsonantbuchstaben,** dann wird der Vokal *kurz und ungespannt* gesprochen. Die Silbe ist **geschlossen.**

Kommentar:

Vorwissen	Fachbegriffe: offene und geschlossene Silbe, Vokalbuchstabe
Lernziele	Die Schülerinnen und Schüler können Wörter in das Silbenhaus eintragen. Sie erkennen, dass der Vokal lang und gespannt gesprochen wird, wenn das letzte Zimmer im Haus nicht besetzt ist. Die Hauptsilbe ist offen. Wenn das letzte Zimmer im Haus besetzt ist, wird der Vokal kurz und ungespannt gesprochen. Die Hauptsilbe ist geschlossen.

Lösungen zu Seite 9:

Aufgabe 7 :

Offene und geschlossene Silben mit Silbenhäusern untersuchen

Bei der Untersuchung von Wörtern kann uns das Silbenhaus helfen.

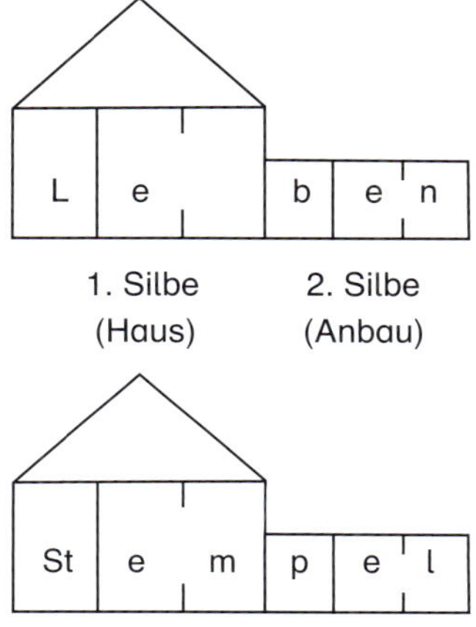

Der Vokalbuchstabe oder die Vokalbuchstaben stehen **immer** im mittleren Zimmer.

Im ersten Zimmer des Hauses können auch mehrere Konsonantbuchstaben stehen.

Tragt die fettgedruckten Wörter aus Gruppe 1 und 2 in die Silbenhäuser ein. Schreibt die Vokalbuchstaben der ersten Silbe rot.

Gruppe 1: **malen**, die **Lupe**, **staunen**

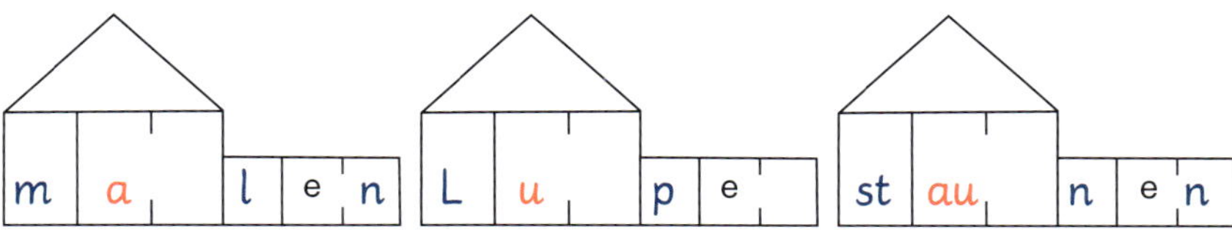

Gruppe 2: die **Kiste**, **tanzen**, die **Pflanze**

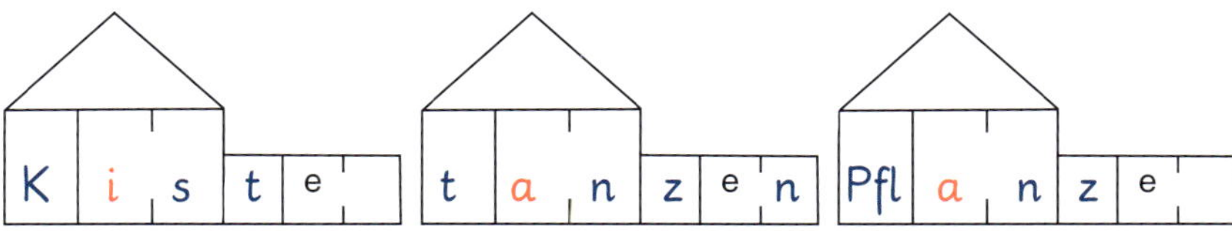

b Vergleicht die eingetragenen Wörter aus Gruppe 1 und Gruppe 2.

A

Kommentar:

Vorwissen	Fachbegriffe: offene und geschlossene Silbe, Vokalbuchstabe, Konsonantbuchstabe, Strategie: Silbenprobe
Lernziele	Die Schülerinnen und Schüler können mit Hilfe der Silbenprobe Wörter mit offener und geschlossener Silbe unterscheiden.

Lösungen zu Seite 10:

Aufgabe 8 :

Offene und geschlossene Silben mit der Silbenprobe untersuchen

a Kreist den Vokalbuchstaben der ersten Silbe bei den fettgedruckten Wörtern aus dem Kasten ein. Überprüft dann mit der Silbenprobe, ob die erste Silbe in den Wörtern offen oder geschlossen ist. Schreibt das Wort in die richtige Spalte der Tabelle unten.

der **Bruder**, die **Schwester**, die **Kinder**, der **Vogel**,
die **Wunde**, die **Bremse**, die **Beule**, die **Reise**,
die **Schere**, die **Tante**, die **Raupe**, die **Wolke**

offene Silbe: endet mit einem Vokalbuchstaben	**geschlossene Silbe:** endet mit einem Konsonantbuchstaben
der Bruder	die Schwester
der Vogel	die Kinder
die Beule	die Wunde
die Reise	die Bremse
die Schere	die Tante
die Raupe	die Wolke

b Vergleicht eure Lösungen mit eurem Tischnachbarn.

c Findet weitere Wörter. Nutzt die Wörter aus den anderen Aufgaben.

Kommentar:

Vorwissen	Fachbegriffe: offene und geschlossene Silbe, Strategie: Silbenprobe
Lernziele	Die Schülerinnen und Schüler können mit Hilfe der Silbenprobe Wörter mit offener und geschlossener Silbe unterscheiden.

Lösungen zu Seite 11:

Aufgabe 9 :

Einer raus

a Führt in jeder Wortreihe bei den fettgedruckten Wörtern aus dem Kasten die Silbenprobe durch.

b Welches Wort aus jeder Reihe im Kasten passt nicht? Streicht es und begründet die Entscheidung.
Beispiel:
die Kinder – die Kunden – ~~die Hasen~~ – die Hunde – die Hefte – die Stifte

Erklärung: „Die Hasen" wurde gestrichen, weil die erste Silbe bei dem Wort offen ist. Bei allen anderen Wörtern in dem Beispiel ist die erste Silbe geschlossen.

Einer raus

älter – ~~**größer**~~ – **dichter** – **gelber** – **bunter** – **fester**

Erklärung: „größer" wurde gestrichen, weil die erste Silbe bei dem Wort offen ist. Bei allen anderen Wörtern ist sie geschlossen.

laufen – ~~**wenden**~~ – die **Schule** – **schmaler** – der **Esel** – **kriechen**

Erklärung: „wenden" wurde gestrichen, weil die erste Silbe bei dem Wort geschlossen ist. Bei allen anderen Wörtern ist sie offen.

die **Stifte** – **echte** – ~~**grüne**~~ – die **Ente** – die **Kräfte** – die **Hefte**

Erklärung: „grüne" wurde gestrichen, weil die erste Silbe bei dem Wort offen ist. Bei allen anderen Wörtern ist sie geschlossen.

c Diktiert euch gegenseitig diese Wörter:

A: finden, weinen, fragen, die Steine, tauschen, die Bremse, der Vogel, die Eule, raufen, staunen

B: bleiben, die Felder, rosten, die Küste, rauschen, zeigen, der Stapel, die Möwe, kaufen, stolpern

d Setzt Silbenbögen unter die Wörter. Unterstreicht die Wörter mit offener und geschlossener Silbe in verschiedenen Farben.

A

Kommentar:

Vorwissen	Fachbegriffe: Silbengrenze, offene und geschlossene Silbe, Strategie: Silbenprobe
Lernziele	Die Schülerinnen und Schüler entdecken, dass man <ie> schreibt, wenn die Silbe offen ist, und <i>, wenn die Silbe geschlossen ist. Sie lernen die wenigen Ausnahmen von dieser Regel als Merkwörter kennen.

Lösungen zu Seite 12:

Aufgabe 10:

Wann schreibt man *i* und wann *ie*?

a Untersucht die fettgedruckten Wörter im Kasten mit der Silbenprobe. Markiert die Silbengrenze und setzt die Silbenbögen.

Gruppe 1:

pin | seln, der **Win | ter**, die **Tin | te**, **bil | den**, die **Pil | ze**

Gruppe 2:

rie | fen, die **Tie | re**, die **Sie | be**, **bie | gen**, die **Tie | fe**

b Vergleicht: Wie endet die erste Silbe der Wörter aus Gruppe 1 und wie aus Gruppe 2? Wann schreibt man ***i***, wann ***ie***?

Die erste Silbe der Wörter aus Gruppe 1 endet immer auf einen Konsonantbuchstaben. Die erste Silbe der Wörter aus Gruppe 2 endet immer auf einen Vokalbuchstaben. Man schreibt i, wenn die erste Silbe geschlossen ist. Der Vokal wird kurz und ungespannt gesprochen. Man schreibt ie, wenn die erste Silbe offen ist. Der Vokal wird lang und gespannt gesprochen.

Nur ganz wenige Wörter passen nicht zu dieser Regel:
Igel, Tiger, Fibel, Bibel, Liter, Titel.

Kommentar:

Vorwissen	Strategie: Silbenprobe
Lernziele	Die Schülerinnen und Schüler festigen ihr Wissen über die i/ie-Schreibung.

Lösungen zu Seite 13:

Aufgabe 11:

Fehler finden – *i* oder *ie*?

Arbeite allein.
In den Wörtern im Kasten haben sich drei Fehler eingeschlichen.

a Untersuche die Wörter mit der Silbenprobe.
b Streiche die Fehler an und schreibe die Wörter richtig über die falsch geschriebenen. Vergleiche die Lösungen mit einem Partner.

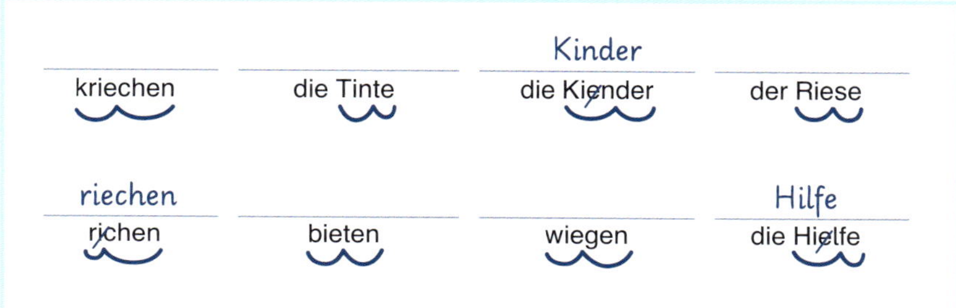

Aufgabe 12:

i oder *ie*?

Ergänze i oder ie. Vergleiche mit einem Partner.

Mein Lieblingsessen ist Spaghetti mit P_i_lzen. Davon esse ich _i_mmer r_ie_sige Portionen und lasse nichts auf meinem Teller l_ie_gen. V_ie_le K_i_nder mögen keine P_i_lze. Aber ich l_ie_be sie. Vielleicht kommt das daher, dass ich im Herbst schon oft mit meiner Tante auf P_i_lzsuche war. Zwischen F_i_chten, K_ie_fern und B_i_rken gibt es oft gute Speisep_i_lze, die herrlich r_ie_chen. Wichtig ist, dass man die P_i_lze vorsichtig herausdreht und nicht so stark an ihnen z_ie_ht, um ihre t_ie_fen Wurzeln nicht zu verletzen. Wir sammeln nur P_i_lze, die wir gut kennen und die essbar sind.

A

Kommentar:

Vorwissen	Fachbegriffe: Silbengrenze, offene Silbe, Silbenkern, Strategie: Silbenprobe
Lernziele	Die Schülerinnen und Schüler entdecken, dass das silbentrennende h am Anfang der Reduktionssilbe steht, damit die Silbenkerne der Haupt- und Reduktionssilbe nicht aufeinandertreffen.

Lösungen zu Seite 14:

Aufgabe 13:

Die offene Silbe und das silbentrennende *h*

Informationen zum silbentrennenden h auf S. 72

a Untersucht die fettgedruckten Wörter aus dem Kasten mit der Silbenprobe. Wo ist die Silbengrenze? Sprecht mit einem Partner darüber.

gehen, die **Ruhe**, **fliehen**, die **Zehen**, **drohen**, **brühen**, **wehen**, **früher**, die **Nähe**, **ziehen**, die **Mühe**, **wehen**, **nähen**, **rohe**

b Kreist in jedem Wort die beiden Silbenkerne (Vokalbuchstaben) ein und überprüft anschließend, wo das ***h*** steht. Was fällt euch auf? Schreibt eure Beobachtung auf.

Das h steht immer zwischen den beiden Silbenkernen.
Es öffnet die zweite Silbe, damit diese nicht mit einem
Vokalbuchstaben beginnt.

c Überprüft eure Beobachtung, indem ihr vier Wörter aus dem Kasten in die Silbenhäuser eintragt.

Beispiellösung:

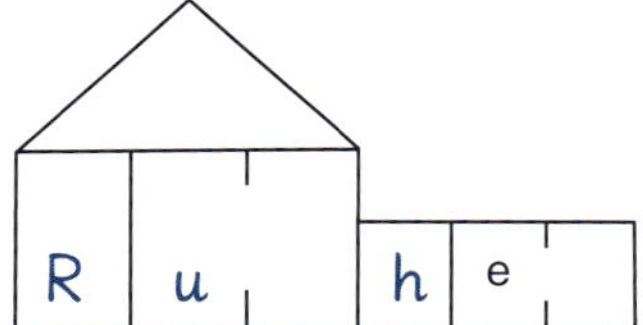

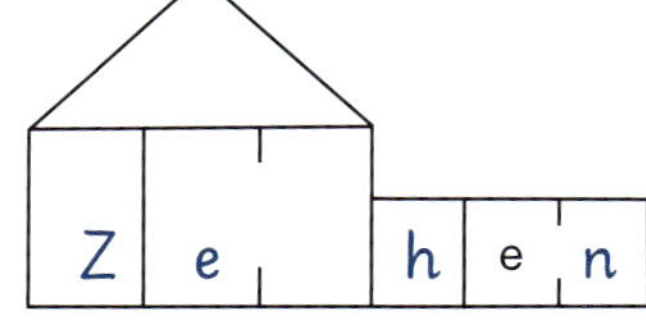

Kommentar:

Vorwissen	Fachbegriffe: Konsonantbuchstabe, Strategie: Silbenprobe
Lernziele	Die Schülerinnen und Schüler entdecken, dass es Wörter mit geschlossenen Hauptsilben gibt, in denen man nur einen Konsonanten in der Wortmitte hört und spricht. Er gehört zu beiden Silben und bildet ein Silbengelenk, denn er verbindet beide Silben miteinander. Beim Schreiben wird dieser Konsonantbuchstabe verdoppelt.

Lösungen zu Seite 15:

Aufgabe 14:

Was ist eine Silbengelenkschreibung?

Informationen zur Silbengelenkschreibung auf S. 72

a Führt in jeder Wortreihe bei den fettgedruckten Wörtern aus dem Kasten die Silbenprobe durch.

die **Felder**, **finden**, **fassen**, **binden**, **falten**

kentern, **kennen**, die **Kante**, **gelbes**, **kosten**

die **Winde**, **senden**, **bremsen**, der **Kummer**, **älter**

b Welches Wort aus jeder Reihe ist anders aufgebaut als die anderen? Kreist es ein und begründet eure Entscheidung mündlich.
Hinweis: Wie endet die erste Silbe und wie fängt die zweite Silbe an?
In den eingekreisten Wörtern endet die erste Silbe mit demselben Buchstaben, mit dem die zweite Silbe beginnt.

c Die wir-Formen der Verben in der ersten Spalte der Tabelle haben alle Silbengelenke. Schreibt in die zweite und dritte Spalte der Tabelle die du- und die ihr-Form. Achtet darauf, dass die doppelten Konsonantbuchstaben immer erhalten bleiben.

wir	du	ihr
wir schwimmen	du schwimmst	ihr schwimmt
wir rollen	du rollst	ihr rollt
wir rennen	du rennst	ihr rennt
wir kommen	du kommst	ihr kommt
wir wollen	du willst	ihr wollt
wir fallen	du fällst	ihr fallt
wir wippen	du wippst	ihr wippt
wir schaffen	du schaffst	ihr schafft
wir knurren	du knurrst	ihr knurrt

Kommentar:

Vorwissen	Wissen über Silbengelenkschreibungen, Strategie: Silbenprobe
Lernziele	Die Schülerinnen und Schüler können die Silbenprobe anwenden, um zu überprüfen, ob ein Wort mit einem doppelten Konsonantbuchstaben geschrieben werden muss.

Lösungen zu Seite 16:

Aufgabe 15:

Wann schreibt man doppelte Konsonantbuchstaben, wann nicht?

a Einige Wörter im Kasten sind falsch geschrieben. Verbessert die Schreibung. Sprecht die Wörter dazu und schreibt sie richtig darunter. Wendet zur Überprüfung die Silbenprobe an.

Kommentar:

Vorwissen	Wissen über Silbengelenkschreibungen, Strategie: Silbenprobe
Lernziele	Die Schülerinnen und Schüler lernen die besonderen Silbengelenkschreibungen *ck* und *tz* kennen. Sie können mit Hilfe der Silbenprobe ermitteln, wann man *tz* bzw. *ck* und wann *z* bzw. *k* schreibt.

Lösungen zu Seite 17:

Aufgabe 16:

Was sind besondere Silbengelenkschreibungen?

Die Buchstaben ***k*** und ***z*** lassen sich in deutschen Wörtern nicht einfach verdoppeln, sondern man schreibt ***ck*** *(backen)* und ***tz*** *(sitzen)*. Wir nennen sie deshalb „besondere Silbengelenkschreibungen".

Wann schreiben wir *tz* und *ck*?

Plä**tz**e — Begründung: Wir schreiben ***tz*** und nicht ***z***, weil wir die erste Silbe schließen müssen, um zu zeigen, dass der Vokal kurz gesprochen wird.

Pflan**z**e — Begründung: Wir schreiben ***z*** und nicht ***tz***, weil die erste Silbe durch das ***n*** schon geschlossen ist.

We**ck**er — Begründung: Wir schreiben ***ck*** und nicht ***k***, weil wir die erste Silbe schließen müssen, um zu zeigen, dass der Vokal kurz gesprochen wird.

Wol**k**e — Begründung: Wir schreiben ***k*** und nicht ***ck***, weil die erste Silbe durch das ***l*** schon geschlossen ist.

a Setzt in den folgenden Wörtern entweder ***z*** oder ***tz*** ein. Überprüft eure Lösung mit der Silbenprobe.

Pfütze	kitzeln	Stelzen
schützen	Mütze	Kerze
Ranzen	Münze	Fetzen
schmatzen	Katze	kratzen
heizen	Brezel	Schnauze

b Setzt in den folgenden Wörtern entweder ***k*** oder ***ck*** ein. Überprüft eure Lösung mit der Silbenprobe.

Macke	Stecker	zucken
lecker	Falke	melken
merken	Schranke	Lücke
Hocker	winken	funkeln
Laken	pauken	quieken

A

Kommentar:

Vorwissen	Unterscheidung stimmhafter und stimmloser s-Laute, Strategie: Silbenprobe
Lernziele	Die Schülerinnen und Schüler können mit Hilfe der Silbenprobe ermitteln, ob ein Wort im Wortinneren mit *s, ss* oder *ß* geschrieben wird. Sie entdecken außerdem, dass die s-Schreibung an verwandte Wörter vererbt wird, aber auch in Wörtern einer Wortfamilie unterschiedlich sein kann, weil hier unterschiedliche Wortstämme vorkommen können (z. B.: reißen – gerissen). Sie können erkennen, dass man manchmal kein zweisilbiges Schlüsselwort finden kann. In diesen Fällen muss man sich die *s/ss/ß*-Schreibung merken (z. B. du weißt).

Lösungen zu Seite 18:

Aufgabe 17:

Wann schreibt man *s*, *ss* oder *ß*?

a Überprüft die Schreibung des ***s***-Lautes im **ersten Wort** in jeder Reihe mit Hilfe der Silbenprobe:

fassen	er fasst	unfassbar
wissen	gewusst	<u>du weißt</u>
grüßen	grüßte	die Grüße
lesen	du liest	lesbar
reißen	es reißt	<u>gerissen</u>
schließen	es schließt	<u>geschlossen</u>

b Formuliert eure Erkenntnis: Wann schreibt man ***s***, wann ***ss***, wann ***ß***?

Regel A:
Man schreibt ***s***, wenn die erste Silbe offen ist und die zweite Silbe mit einem stimmhaften s-Laut beginnt.

Regel B:
Man schreibt ***ss***, wenn die erste Silbe geschlossen ist und der stimmlose s-Laut zu beiden Silben gehört.

Regel C:
Man schreibt ***ß***, wenn die erste Sible offen ist und die zweite mit einem stimmlosen s-Laut beginnt.

c Schaut euch jeweils eine Reihe aus dem Kasten an. Vergleicht die Schreibung des ***s***-Lautes in diesen Wörtern. Unterstreicht die Wörter, in denen der ***s***-Laut anders geschrieben wird als im ersten Wort. Überlegt, warum der ***s***-Laut hier anders geschrieben wird.

du weißt: Hier gibt es kein zweisilbiges Schlüsselwort:
Diese Schreibung muss man sich merken.
gerissen: Regel B gilt (rissen)
geschlossen: Regel B gilt (schlossen)

Kommentar:

Vorwissen	Fachbegriffe: Silbengelenkschreibung, verwandte Wörter, Strategie: Silbenprobe, Wissen über die Schreibung von Wörtern mit *s*, *ss* und *ß*
Lernziele	Die Schülerinnen und Schüler können mit Hilfe der Silbenprobe ermitteln, ob ein Wort im Wortinneren mit s, ss oder *ß* geschrieben wird. Sie können zu vorgegebenen Wörtern mit *s*, *ss* oder *ß* weitere Wörter der Wortfamilie finden.

A

Lösungen zu Seite 19:

Aufgabe 18:

Überprüfung der Schreibung von Wörtern mit *s, ss, ß*

Arbeitet zu zweit.

a Fügt in die Wortlücken bei den Wörtern im Kasten ***s***, ***ss*** oder ***ß*** ein.

b Begründet mündlich die Schreibung der Wörter mit Hilfe der Silbenprobe, zum Beispiel: „lassen“: geschlossene Silbe und es wird nur ein Konsonant gesprochen, also Silbengelenkschreibung ***ss***:

c Schreibt weitere verwandte Wörter wie in dem Beispiel auf.

d Wird der ***s***-Laut in allen verwandten Wörtern gleich geschrieben? Unterstreicht die Wörter, die anders geschrieben werden.

Beispiellösung:

la ss en	du lässt, lässig, verlassen
heißen	du heißt, die Verheißung
der Riese	riesig, die Riesenschuhe, das Riesengebirge
fassen	du fasst, unfassbar, anfassen, verfassen
die Risse	rissig, der Abriss, zerrissen, <u>Reißverschluss</u>, <u>abreißen</u>
beißen	du beißt, zerbeißen, <u>der Biss</u>, <u>verbissen</u>
fließen	es fließt, zerfließen, <u>flüssig</u>, <u>Fluss</u>
niesen	er niest, er hat geniest, das Niesen
messen	du misst, messbar, vermessbar
wissen	du wusstest, gewusst, er <u>weiß</u>, du <u>weißt</u>

Kommentar:

Vorwissen	Wissen über die Schreibung von *s, ss* und *ß*
Lernziele	Die Schülerinnen und Schüler wenden die *s/ss/ß*-Schreibung sicher an. Sie können zu Wörtern mit *s, ss* oder *ß* weitere Wörter der Wortfamilie finden.

Lösungen zu Seite 20:

Aufgabe 19:

Wörter mit *s, ss oder ß* üben

Arbeite allein und überprüfe, wie sicher du schon Wörter schreiben kannst, die ***s***, ***ss*** oder ***ß*** enthalten.

a Füge in die Wortlücken ***s***, ***ss*** oder ***ß*** ein.

b Vergleiche deine Lösungen mit deinem Nachbarn.

c Schreibe zu einigen der Wörter mit ***s***, ***ss*** oder ***ß*** verwandte Wörter auf.

1. In diesen Herbstferien war ich mit meinen Großeltern und meiner großen Schwester verreist.
2. Meine Großeltern hatten für uns ein Ferienhaus an einem Fluss gemietet.
3. Mein Großvater wollte dort mit uns jeden Tag angeln, am liebsten riesige Fische mit großen Flossen.
4. Er hatte deshalb ein Maßband in seiner Hosentasche, damit wir die Fische messen konnten.
5. Schon am ersten Morgen biss eine Forelle an meiner Angel an.
6. Ich konnte mein Anglerglück kaum fassen.
7. Doch dann überraschte uns ein starker Regenguss.
8. Ich schmiss die Forelle deshalb wieder ins Wasser.
9. Wir liefen schnell zum Ferienhaus zurück.
10. Dort half uns meine Großmutter aus den nassen Jacken und Hosen.
11. Sie hatte uns schon ein leckeres Essen gekocht.
12. Anschließend spielten wir den ganzen Nachmittag.
13. Das hat uns allen viel Spaß gemacht.
14. Beim Memory ließen wir unseren Großvater auch mal gewinnen.

Beispiellösung:

c) großen: größer, Großstadt, vergrößern, großzügig, Großmutter
fassen: erfassen, befassen, Fassung, das Fass, unfassbar
Spaß: spaßig, bespaßen, Spaßvogel, Spaßbremse
Ferienhaus: Haustür, Hausboot, Behausung, hausen, Gartenhaus

Kommentar:

Vorwissen	Fachbegriffe: Vokalbuchstabe, Konsonantbuchstabe, Strategie: Silbenprobe
Lernziele	Die Schülerinnen und Schüler entdecken, dass die Hauptsilbe in manchen Wörtern mit langem und gespanntem Vokal mit einem h endet. Sie entdecken außerdem, dass dieses sogenannte Dehnungs-h nur in Wörtern vorkommt, deren Reduktionssilbe mit *l, m, n* oder *r* beginnt.

Lösungen zu Seite 21:

Aufgabe 20:

Wörter mit Dehnungs-*h*

a Führt bei den fettgedruckten Wörtern im Kasten die Silbenprobe durch. Kreist den Vokalbuchstaben in der ersten Silbe ein.

wohnen, **fahren**, **gähnen**, **fühlen**, **zähmen**,
wählen, **mahlen**, die **Mühle**, der **Rahmen**,
die **Strahlen**, die **Sahne**, die **Ohren**

b Überprüft, wie die erste Silbe jeweils endet. Formuliert eure Beobachtung.

Die erste Silbe endet mit einem h.

c Überprüft, mit welchen Konsonantbuchstaben die zweite Silbe beginnt. Formuliert eure Beobachtung.

Die zweite Silbe beginnt mit l, m, n oder r.

A

Kommentar:

Vorwissen	Fachbegriffe: Dehnungs-h, silbentrennendes h, verwandte Wörter, Strategie: Silbenprobe
Lernziele	Die Schülerinnen und Schüler entdecken, dass das Dehnungs-h aus dem zweisilbigen Schlüsselwort an verwandte Wörter vererbt wird. Sie entdecken außerdem mit Hilfe der Silbenprobe den Unterschied zwischen dem Dehnungs-h und dem silbentrennenden h.

Lösungen zu Seite 22:

In manchen Wörtern wird ein ***h*** **zur Markierung der offenen Silbe** verwendet. Das ***h*** steht nur vor ***l, m, n*** oder ***r***, aber nicht in allen Wörtern, in denen ein ***l, m, n*** oder ***r*** auftritt. Wörter, in denen die offene Silbe mit ***h*** endet, muss man sich merken.

d Sucht euch aus dem Kasten drei Wörter aus und schreibt verwandte Wörter auf. Unterstreicht das ***h***.

fühlen, fehlen, strahlen, dehnen, wählen, fahren, zählen

Beispiel:
wohnen: die Wohnung, bewohnbar, der Bewohner, das Wohnzimmer, wohnlich

Beispiellösung:

fühlen: das Gefühl, anfühlen, vorfühlen, die Fühler

fehlen: Fehler, unfehlbar, verfehlen, Fehlschlag, Verfehlung

strahlen: anstrahlen, Bestrahlung, Ausstrahlung, Heizstrahler

Aufgabe 21 :

Wörter mit silbentrennendem *h* oder mit Dehnungs-*h*

die **Lehne**, die **Ruhe**, **fliehen**, **fahren**, die **Bühne**, **brühen**, **ziehen**, die **Höhle**, **rühren**, **gehen**, **nehmen**

a Untersucht die fettgedruckten Wörter mit der Silbenprobe und unterstreicht alle Wörter mit einem **silbentrennenden *h*.**

b Ersetzt in jedem unterstrichenen Wort das ***h*** durch einen anderen Buchstaben, sodass ein neues Wort entsteht. Schreibt die Wörter auf und setzt die Silbenbögen wie im Beispiel: wehen, weben

Beispiellösung:

Ruhe : Rute, fliehen : fliegen, brühen : brüten,
ziehen : zielen, gehen : geben

Kommentar:

Vorwissen	Strategie: Silbenprobe
Lernziele	Die Schülerinnen und Schüler entdecken, wie sie zu jeder Wortart das zweisilbige Schlüsselwort bilden können. Sie lernen die Strategie des Verlängerns (= zweisilbiges Schlüsselwort bilden) kennen.
Wichtig	Die Strategiebezeichnung „Verlängern" kann manchmal irreführend sein. Hier kann es hilfreich sein zu erarbeiten, wie genau man das zweisilbige Schlüsselwort bei Verben finden kann (s. S. 67)

Lösungen zu Seite 23:

Aufgabe 22:

Wörter verlängern – Schlüsselwörter finden

a Verlängert die einsilbigen Wörter im Kasten unten zu zweisilbigen:

Nomen: Mehrzahl bilden

der Kamm – die Kämme

die Burg – die Burgen

der Gruß – die Grüße

das Rad – die Räder

der Ball – die Bälle

das Glas – die Gläser

Adjektive: Steigerungsform oder flektierte Form bilden

wild – wilder

weiß – weiße

schnell – schneller

groß – größer

alt – älter

gelb – gelbe

Verben: Wir-Formen oder Infinitiv bilden

er muss – wir müssen

er isst – wir essen

du kommst – wir kommen

er zeigt – wir zeigen

sie schreibt – wir schreiben

du grüßt – wir grüßen

b Überprüft, wie ihr für jede Wortart das zweisilbige Schlüsselwort gebildet habt.

c Überprüft, ob die erste Silbe in diesen Zweisilbern offen oder geschlossen ist. Führt dazu die Silbenprobe durch.

A

Kommentar:

Vorwissen	Strategie: Silbenprobe, Verlängern (= zweisilbiges Schlüsselwort bilden)
Lernziele	Die Schülerinnen und Schüler können Fehler in einsilbigen Wortformen erkennen und korrigieren, indem sie das zweisilbige Schlüsselwort bilden und die Silbenprobe durchführen.

Lösungen zu Seite 24:

Aufgabe 23:

Schreibungen überprüfen – Schlüsselwörter finden

In den einsilbigen Wörtern im Kasten sind Fehler. Findet die Fehler, indem ihr die Wörter verlängert und dann mit der Silbenprobe untersucht, warum das Wort anders geschrieben wird.

Arbeitet wie in den Beispielen:

der Brant → die Brände

Ergebnis: die *Brän**d**e* mit ***d***, also auch *der Bran**d*** mit ***d***.

er läufft → laufen

Ergebnis: offene Silbe bei *laufen*, also nur ein ***f*** bei *er läuft*.

sie hept → wir heben

Ergebnis: Das zweisilbige Schlüsselwort wird mit b geschrieben, also wird hebt auch mit b geschrieben.

der Zuk → die Züge

Ergebnis: Das zweisilbige Schlüsselwort wird mit g geschrieben, also wird Zug auch mit g geschrieben.

kald → kälter

Ergebnis: Das zweisilbige Schlüsselwort wird mit t geschrieben, also wird kalt auch mit t geschrieben.

du renst → wir rennen

Ergebnis: Das zweisilbige Schlüsselwort wird mit nn geschrieben, weil es sich um eine geschlossene Silbe handelt. Du rennst wird dann auch mit nn geschrieben.

er hällt → wir halten

Ergebnis: Das zweisilbige Schlüsselwort wird nur mit einem l geschrieben. Er hält wird dann auch nur mit einem l geschrieben.

Lösungen und Kommentare

Teil **B**

Wortbausteine in Wörtern untersuchen

Kommentar:

Vorwissen	Wissen über den Bau komplexer Wörter, Fachbegriffe: Wortstamm, Wortfamilie
Lernziele	Die Schülerinnen und Schüler können mit Hilfe vorgegebener Wörter weitere (komplexe) Wörter aus der Wortfamilie bilden.

Lösungen zu Seite 26:

Aufgabe 1 :

Wörter haben Verwandte

Wörter, die miteinander verwandt sind, gehören zu einer **Wortfamilie**. Die Wörter, die zu einer Wortfamilie gehören, ähneln sich: **fahr**en, Ab**fahrt**, an**fahr**en, **Fahr**zeug.

a Sucht zu zwei Verben aus dem Kasten möglichst viele Wörter der Wortfamilie und schreibt sie auf.

laufen, schreiben, gehen, kaufen, tragen, schwimmen, rennen, schützen, zählen, wählen, rollen

Beispiellösung:

bauen: der Bau, der Anbau, verbauen, baulich, anbauen, die Baustelle

laufen: der Lauf, anlaufen, verlaufen, Laufschuh ...

schreiben: die Schreibschrift, verschreiben, mitschreiben ...

gehen: der Gehstock, der Gehweg, mitgehen ...

kaufen: der Verkäufer, das Kaufhaus, einkaufen ...

tragen: die Trage, der Hosenträger, wegtragen ...

schwimmen: losschwimmen, die Schwimmhalle ...

b Unterstreicht in jedem Wort den Baustein, der in allen Wörtern der Wortfamilie vorkommt. Diesen Baustein nennt man **Wortstamm**. Er wird in allen Wörtern gleich oder zumindest ähnlich geschrieben.

c Überprüft, ob es Wörter in den Wortfamilien aus Aufgabe **a** gibt, in denen der Wortstamm etwas anders geschrieben wird, und kreist sie ein.
Beispiel: kauf – käuflich

Kommentar:

Vorwissen	Wissen über den Bau komplexer Wörter, Fachbegriffe: Wortstamm, Stammformen
Lernziele	Die Schülerinnen und Schüler können mit Hilfe vorgegebener Wortstämme Komposita bilden und Grund- und Bestimmungswort unterscheiden.

Lösungen zu Seite 27:

Aufgabe 2 :

Aus zwei mach eins – Wörter zusammensetzen

Neue Wörter können dadurch entstehen, dass zwei oder mehr Stammformen zu einem neuen Wort zusammengesetzt werden. Besonders häufig entstehen so neue Nomen. Der **zweite** Baustein bestimmt die Grundbedeutung und den Artikel des zusammengesetzten Nomens **(Grundwort)**. Der **erste** Baustein des Wortes erklärt den zweiten näher **(Bestimmungswort)**.

a Bildet aus den Wortstämmen im Kasten zusammengesetzte Nomen und schreibt sie auf.

b Unterstreicht das Grundwort und das Bestimmungswort in unterschiedlichen Farben.
Achtung: Grundwort und/oder Bestimmungswort können auch aus mehreren Wortstämmen bestehen, z. B.: Schreibtischstuhl = Schreibtisch + Stuhl

hand schreib weg fuß buch schul schrift sitz ball schuh heft platz

Beispiellösung:

der Handschuh, die Schreibhand, der Fußweg, das Schulbuch, die Schulschrift, der Sitzball, der Fußballschuh, das Schulheft, der Fußballplatz

B

Kommentar:

Vorwissen	komplexe Wörter zerlegen, Strategien: Verlängern (= zweisilbiges Schlüsselwort bilden), Silbenprobe
Lernziele	Die Schülerinnen und Schüler können komplexe Wörter zerlegen und die Schreibung durch die Bildung des Zweisilbers und die Silbenprobe erklären. Sie verwenden die Strategiezeichen.

Lösungen zu Seite 28:

Aufgabe 3:

Zusammengesetzte Wörter untersuchen

a Zerlegt die zusammengesetzten fettgedruckten Wörter aus dem Kasten in ihre Wortbausteine.

b Erklärt die Schreibung der fettgedruckten Wörter mit Hilfe der Strategien: Silbenprobe, Verlängern

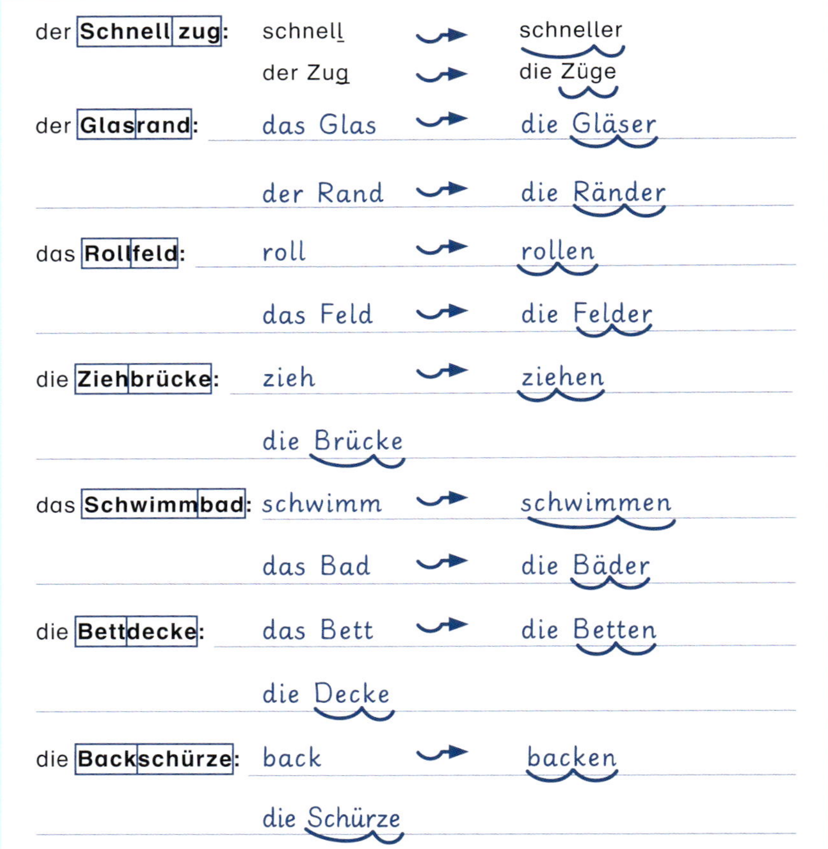

der **Schnell|zug**:	schnell	→	schneller
	der Zug	→	die Züge
der **Glas|rand**:	das Glas	→	die Gläser
	der Rand	→	die Ränder
das **Roll|feld**:	roll	→	rollen
	das Feld	→	die Felder
die **Zieh|brücke**:	zieh	→	ziehen
	die Brücke		
das **Schwimm|bad**:	schwimm	→	schwimmen
	das Bad	→	die Bäder
die **Bett|decke**:	das Bett	→	die Betten
	die Decke		
die **Back|schürze**:	back	→	backen
	die Schürze		

Kommentar:

Vorwissen	Fachbegriffe: Präfix, Verb
Lernziele	Die Schülerinnen und Schüler können die Grundbedeutung einfacher Verben erklären. Sie können präfigierte Verben bilden und prüfen, ob die Verben sinnvoll sind. Im Gespräch kann geklärt werden, ob die präfigierten Verben noch die Grundbedeutung haben.

Lösungen zu Seite 29:

Aufgabe 4 :

Verben mit Präfixen

Verben können mit einem **Präfix** verbunden werden.
Präfixe sind Wortbausteine, die ***vor*** den Wortstamm gesetzt werden.

a Erklärt euch gegenseitig die Bedeutung der folgenden Verben und bildet mit jedem Wort einen Satz. Schreibt eure Sätze hinter die Wörter.

Beispiellösung:

schreiben: etwas schriftlich verfassen
Ich schreibe einen Brief.

stehen: nicht in Bewegung sein
Ich stehe an der Haltestelle.

halten: stehen bleiben, etwas vortragen
Der Bus hält vor der Schule. Max hält einen Vortrag.

fallen: sich oder etwas nach unten bewegen
Der Apfel fällt ins Gras.

b Wählt zwei Verben aus Aufgabe **a** aus. Verbindet sie mit den Präfixen aus dem Kasten und schreibt sie auf, wenn sie einen Sinn ergeben.

Verbpräfixe:
ab-, an-, auf-, aus-, be-, bei-, ein-, ent-, er-, durch-, hinter-, miss-, mit-, nach-, über-, um-, unter-, ver-, vor-, weg-, zer-, zu-, zurück-

Verb 1:
abhalten, anhalten, aufhalten, aushalten, behalten,
einhalten, enthalten, erhalten ...

Verb 2:
abfallen, anfallen, auffallen, ausfallen, befallen, einfallen
entfallen, durchfallen, missfallen ...

B

Kommentar:

Vorwissen	Fachbegriffe: Präfix, Wortbaustein, Strategien: Wortbausteine, Silbenprobe, Verlängern (= zweisilbiges Schlüsselwort bilden)
Lernziele	Die Schülerinnen und Schüler können komplexe (präfigierte) Wörter zerlegen und die Schreibung durch die Bildung des Zweisilbers und die Silbenprobe erklären. Sie verwenden die Strategiezeichen.

Lösungen zu Seite 30:

Aufgabe 5 :

Wörter mit Präfixen untersuchen

a Zerlegt die fettgedruckten Wörter aus dem Kasten in ihre Wortbausteine und unterstreicht die Wortstämme.

b Erklärt die Schreibung der Wortstämme mit Hilfe der Strategien: Silbenprobe, Verlängern

der **Miss|er|folg**: **Miss er folg**
folg → folgen

der **Vor|schlag**: Vor schlag
schlag → schlagen

der **Ver|stand**: Ver stand
stand → standen

der **Un|sinn**: Un sinn
der Sinn → die Sinne

das **Vor|bild**: Vor bild
das Bild → die Bilder

der **Ent|schluss**: Ent schluss
der Schluss → die Schlüsse

Kommentar:

Vorwissen	Fachbegriffe: Präfix, Grundwort, Bestimmungswort
Lernziele	Die Schülerinnen und Schüler können Präfixe in Wörtern erkennen. Sie unterscheiden das Präfix *ver-* von der Buchstabenfolge *fer*. Sie können Komposita in Grund- und Bestimmungswort zerlegen.

Lösungen zu Seite 31:

Aufgabe 6 :

Versteckte Präfixe

Präfixe stehen nicht immer am Wortanfang. Untersucht an den Wörtern im Kasten, wann das der Fall ist.

a Unterstreicht alle Präfixe, die nicht am Wortanfang stehen.

verabreichen	auferstehen	umverteilen	unvorstellbar
unbeabsichtigt	Wetteraussicht	Malvorlage	Hausverkauf

b Beim Präfix ***ver*** müsst ihr besonders gut aufpassen. Überprüft, wie sicher ihr dieses Präfix erkennt, indem ihr in den Wörtern in der Tabelle ***ver*** oder ***fer*** einsetzt. **Tipp:** Bei allen Wörtern handelt es sich um zusammengesetzte Nomen.

Aufgabe b	Aufgabe c (Bestimmungswort + Grundwort)
Ha fer schleim	Hafer + Schleim
Flussu fer	Fluss + Ufer
Lern ver trag	lernen + Vertrag
Lie fer schein	liefern + Schein
Selbst ver trauen	selbst + Vertrauen
Schuh ver käu fer	Schuh + Verkäufer
Langschlä fer	lang + Schläfer
Schä fer stab	Schäfer + Stab

c Überprüft eure Lösungen aus Aufgabe **b**, indem ihr Bestimmungswort und Grundwort der zusammengesetzten Nomen neben jedes Wort schreibt, z. B.:

Aufgabe b	Aufgabe c
Staffelläufer	Staffel + Läufer
Schwimmversuch	schwimmen + Versuch

Kommentar:

Vorwissen	Wissen über den Bau von Präfixverben, Fachbegriff: Präfix
Lernziele	Die Schülerinnen und Schüler entdecken die morphologische Konstanz bei präfigierten Verben: Wenn das Präfix mit dem gleichen Buchstaben endet, wie das Verb beginnt, schreibt man beide.

Lösungen zu Seite 32:

Aufgabe 7 :

Wo muss man beim Schreiben aufpassen?

a Unterstreicht in den Verben im Kasten die Präfixe und die Ausgangsverben mit verschiedenen Farben. Zieht einen senkrechten Strich zwischen Präfix und Verbstamm.

b Untersucht die fettgedruckten Stellen in den Wörtern: Warum stehen dort zwei gleiche Konsonantbuchstaben?

au**f**|**f**ahren, ve**r**|**r**echnen, ve**r**|**r**eisen, a**b**|**b**rechen, a**n**|**n**ehmen, au**f**|**f**angen, a**b**|**b**remsen, we**g**|**g**ehen, vo**r**|**r**echnen, au**s**|**s**uchen

c Sucht weitere Präfixverben, die ähnlich gebildet sind. Achtet auf die Schreibung.

Beispiellösung:

annähen, abbrennen, verrücken, zerreißen, auffrischen, weggleiten, aussäen, annageln, abblitzen, weggucken ...

Kommentar:

Vorwissen	Fachbegriffe: Präfix, Wortart, Wortbausteine, Nomen, Adjektive
Lernziele	Die Schülerinnen und Schüler bilden Nomen und Adjektive mit Hilfe vorgegebener Stämme und Suffixe.

Lösungen zu Seite 33:

Aufgabe 8 :

Wörter mit Suffixen

Mit Präfixen verändert sich die Bedeutung von Wörtern. Mit **Suffixen** verändert sich häufig ihre Wortart. Suffixe sind Wortbausteine, die rechts an den Wortstamm angefügt werden. Am häufigsten werden mit ihnen Nomen und Adjektive gebildet.

Sucht euch vier Wortstämme aus dem Kasten aus. Verbindet sie mit möglichst vielen Suffixen aus der Tabelle und schreibt die neuen Wörter auf. Manchmal müsst ihr die Stämme etwas verändern (zum Beispiel: die Frucht – das Früchtchen). Sortiert die Wörter nach Nomen und Adjektiven. Schreibt die Nomen mit Artikel auf.

schön, fleiß, lern, glück, froh, dreh, prüf, mann, frucht, herz, kenn, leb, lehr

Suffixe für die Bildung von Nomen	Suffixe für die Bildung von Adjektiven
-chen, -er, -erei, -heit, -keit, -lein, -ling, -nis, -schaft, -sal, -tum, -ung	-bar, -ig, -haft, -isch, -lich, -sam

Beispiellösung:

Nomen	Adjektive
das Männchen	mannhaft, männlich
das Männlein	
die Mannschaft	
das Herzchen	herzhaft, herzlich
die Herzerei	
das Herzlein	
Prüfer	prüfbar
Prüfling	
Prüfung	
Lehrer	
Lehrling	lehrbar, lehrsam, lehrhaft

B

Kommentar:

Vorwissen	Fachbegriffe: Wortstamm, Suffix
Lernziele	Die Schülerinnen und Schüler bilden Adjektive aus vorgegebenen Wörtern mit den Suffixen *-ig* und *-lich* und Nomen mit zwei Suffixen (*-ig* und *-keit* oder *-lich* und *-keit*).

Lösungen zu Seite 34:

Aufgabe 9 :

Wörter mit *-ig* und *-lich*

a Bildet aus den Wörtern im Kasten neue Wörter, indem ihr ***-ig*** oder ***-lich*** an den Wortstamm anfügt.
Achtung: Manchmal müsst ihr den Wortstamm leicht verändern:
z. B. Tag: täglich

Freude Freund stimmen Welle Rost Hand Knall
Kante Sand gelb Sahne Land Stein Witz Raum
Grund Sonne Staub Fluss Wind

freudig, freundlich, stimmig, wellig, rostig, handlich, knallig, kantig, sandig, gelblich, sahnig, ländlich, steinig, witzig, räumlich, gründlich, sonnig, staubig, flüssig, windig

b Bildet aus den folgenden Wörtern neue Wörter, indem ihr die Suffixe ***-ig*** und ***-keit*** (z. B. *Witzigkeit*) oder ***-lich*** und ***-keit*** (z. B. *Endlichkeit*) hinzufügt. Schreibt die neu gebildeten Wörter darunter. Achtet auf die Großschreibung.

Mensch	schnell	nett
die Menschlichkeit	die Schnelligkeit	die Nettigkeit
Herz	leicht	klein
die Herzlichkeit	die Leichtigkeit	die Kleinigkeit
genau	süß	Freund
die Genauigkeit	die Süßigkeit	die Freundlichkeit
neu	Haus	froh
die Neuigkeit	die Häuslichkeit	die Fröhlichkeit

c Vergleicht eure Lösungen aus Aufgabe **a** und **b** mit eurem Tischnachbarn.

Kommentar:

Vorwissen	Fachbegriff: Verkleinerungsform
Lernziele	Die Schülerinnen und Schüler bilden Wörter mit den Suffixen *-chen* und *-lein*.

Lösungen
zu Seite 35:

Aufgabe 10:

Wörter mit *-chen* und *-lein*

a Bildet zu jedem der folgenden Wörter eine Verkleinerungsform, indem ihr ***-chen*** oder ***-lein*** an den Wortstamm anfügt.
Achtung: Manchmal müsst ihr den Wortstamm etwas verändern, z. B. Katze – Kätzchen.

Brett – das Brettchen	Stock – das Stöckchen
Auge – das Äuglein	Affe – das Äffchen
Kappe – das Käppchen	Flasche – das Fläschchen
Lamm – das Lämmchen	Spiegel – das Spieglein
Mann – das Männchen	Vogel – das Vöglein, Vögelchen
Lied – das Liedchen	Stimme – das Stimmchen
Rad – das Rädchen	Bauch – das Bäuchlein
Bett – das Bettchen	Schiff – das Schiffchen

b Bildet noch mehr neue Wörter, indem ihr die Wörter aus dem Kasten mit den Verkleinerungsformen aus Aufgabe **a** verbindet, z. B. Brotbrettchen.

segel(n) Kind(er) sing(en) Milch rot kletter(n) schlaf(en) Wind Ampel

das Segelschiffchen, das Kinderliedchen, das Singstimmchen,
das Milchfläschchen, das Rotkäppchen, das Kletteräffchen,
das Schlafliedchen, das Windrädchen, das Ampelmännchen

B

Kommentar:

Vorwissen	Fachbegriffe: Präfix, Suffix, Wortstamm
Lernziele	Die Schülerinnen und Schüler schreiben komplexe Wörter ab, ermitteln die Wortbausteine und identifizieren Wortstämme.

Lösungen zu Seite 36:

Aufgabe 11 :

Wörter mit Präfixen und Suffixen

Es gibt eine Reihe von Wörtern, die sowohl Präfixe als auch Suffixe enthalten. Manchmal sind die Wörter auch noch aus zwei oder mehr Wortstämmen zusammengesetzt. Bei diesen Wörtern muss man bei der Schreibung besonders gut aufpassen, denn alle Buchstaben aller Wortbestandteile müssen immer geschrieben werden.

Arbeitet zunächst in der Klasse, dann zu zweit.

a Schreibt die Wörter aus dem Kasten ab.

die Höflichkeit, unfreundlich, die Vorankündigung, der Schulleiter, die Neuanschaffung, die Fehlerlosigkeit, hitzebeständig, der Wörterbucheintrag, die Abkühlung, die Voraussetzung, die Abbildung, die Bestellmöglichkeit, die Wortbildung

b Ermittelt alle Wortbausteine. Trennt die Wortbausteine dazu mit einem Schrägstrich so voneinander ab: der Wort/bau/stein.

c Unterstreicht alle Wortstämme.

die Höf / lich / keit, un / freund / lich, die Vor / an / künd / ig / ung,

der Schul / leit / er, die Neu / an / schaff / ung,

die Fehl / er / los / ig / keit, hitz / e / be / ständ / ig,

der Wört / er / buch / ein / trag, die Ab / kühl / ung,

die Vor / aus / setz / ung, die Ab / bild / ung,

die Be / stell / mög / lich / keit, die Wort / bild / ung

Kommentar:

Vorwissen	Fachbegriff: Präfix, Suffix, Strategien: Wortbausteine, Silbenprobe, Verlängern (= zweisilbiges Schlüsselwort bilden), Ableiten

Lernziele	Die Schülerinnen und Schüler wenden die erlernten Strategien an und identifizieren Wortstämme in komplexen Wörtern.

Lösungen zu Seite 37:

Aufgabe 12:

Wörter mit Präfixen und Suffixen untersuchen

a Zerlegt die Wörter aus dem Kasten in ihre Wortbausteine und unterstreicht die Wortstämme.

b Erklärt die Schreibung der Wortstämme mit Hilfe der Strategien: Silbenprobe, Verlängern, Ableiten
Achtung: In manchen Wörtern gibt es mehr als einen Wortstamm!

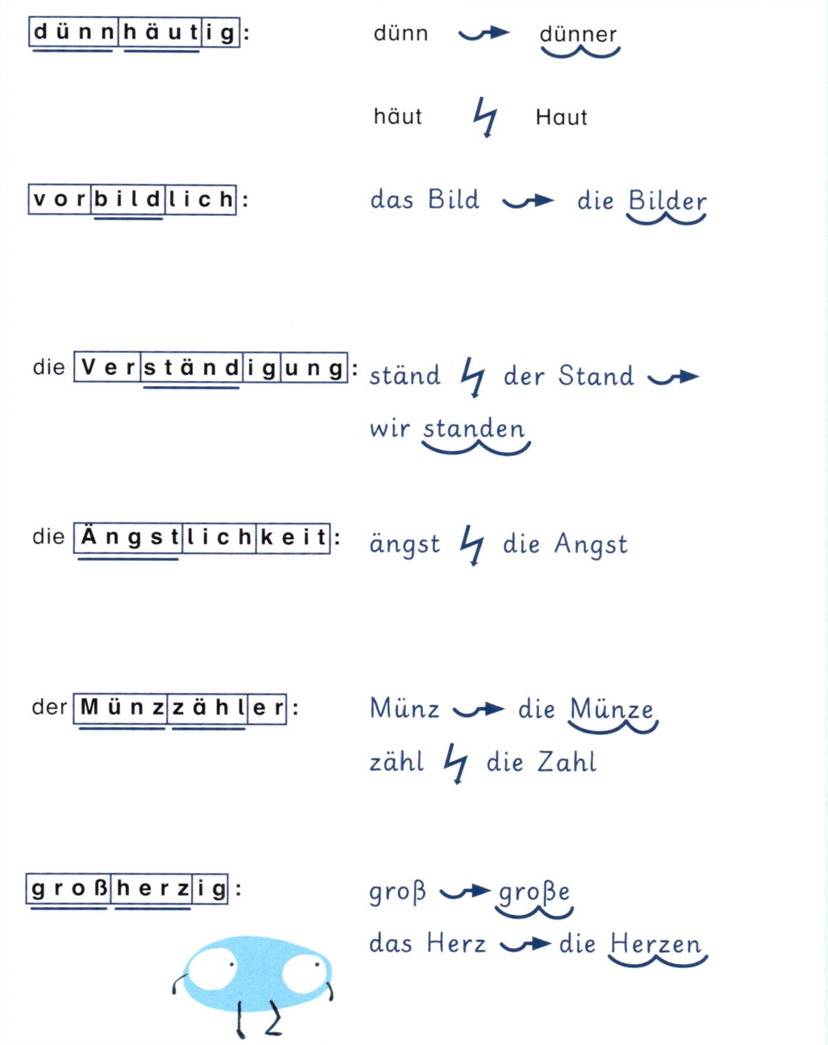

B

Kommentar:

Vorwissen	Wissen und Können zum Thema Wortschreibung
Lernziele	Die Schülerinnen und Schüler festigen das Gelernte.

Lösungen zu Seite 38:

Aufgabe 13:

Was kann ich schon?

Arbeitet zu zweit.

a Diktiert euch gegenseitig die folgenden Texte. Bei den Eigennamen könnt ihr helfen. Die Zeichen (Kommas und Punkte) diktiert ihr mit.

b Unterstreicht anschließend die Fehler, die euer Mitschüler/eure Mitschülerin in seinem/ihrem Diktat gemacht hat.

c Schaut euch die Fehler in eurem Diktattext an und überlegt, ob ihr euch die richtigen Schreibungen mit Hilfe der Schreibstrategien herleiten könnt.

Text 1: Aus dem Leben von Astrid Lindgren

Astrid Lindgren wurde 1907 auf einem kleinen Hof in Südschweden geboren. Sie verlebte eine sehr glückliche Kindheit, die ihr als Hintergrund für ihre Bücher diente. Als 1941 ihre zehnjährige Tochter lange krank war und sich langweilte, erzählte die Mutter ihr Geschichten von einem Mädchen, das Pippi Langstrumpf hieß. Erst drei Jahre später, als Astrid Lindgren mit einem gebrochenen Bein zu Hause lag, schrieb sie diese Geschichten auf und schickte sie zu einem Verlag. Der lehnte den Text aber ab. Später, als Astrid Lindgren mit einer anderen Geschichte an einem Schreibwettbewerb teilgenommen hatte, wurde man auf sie aufmerksam. Pippi Langstrumpf erschien 1945 als Buch und wurde weltweit ein großartiger Erfolg.

Text nach: Astrid Lindgren Klassiker DVD-Kollektion von Universum Film.
www.universumfilm.de

Text 2: Ein bekanntes Kinderbuch von Astrid Lindgren:
Ronja Räubertochter

In einer stürmischen Gewitternacht wird die Räubertochter Ronja in einem Burgzimmer geboren, während das blaue Licht der Blitze hereinflackert und die Räuberbande der Mattis-Sippe aufgeregt auf den Neuankömmling wartet. Die Räuber ahnen nicht, dass in der gleichen Nacht die Borka-Sippe, mit der sie verfeindet sind, als Nachkommen einen Sohn empfängt. Unter Graugnomen und Dunkeltrollen wächst Ronja auf.

Eines Tages trifft sie auf Birk, den Sohn des Anführers der Borka-Bande, der in der gleichen stürmischen Nacht wie sie geboren wurde. Aus der Abneigung der beiden wird Freundschaft. Die Freundschaft der Kinder steht gegen die Feindschaft der Großen und sorgt für eine Menge Unruhe in beiden Räuberlagern.

Text nach: Astrid Lindgren Klassiker DVD-Kollektion von Universum Film.
www.universumfilm.de

Lösungen und Kommentare

Teil **C**

Großschreibung in Sätzen untersuchen

Kommentar:

Vorwissen	Adjektive kennen und in Nominalgruppen verwenden können
Lernziele	Die Schülerinnen und Schüler erkennen, dass in den Treppentexten das großgeschriebene Wort jeweils am Zeilenende steht.

Lösungen zu Seite 40:

Aufgabe 1 :

Treppentexte

a Baut Treppentexte wie im Beispiel im Kasten und schreibt sie auf.
Nutzt für eure Treppentexte die Wortpaare im Kasten oder findet selbst welche.

Der **L**öwe
der große **L**öwe
der große, gefährliche **L**öwe
erschrickt
vor der kleinen **M**öwe

Sand – Hand	Regen – Wegen	Blau – Frau
Meister – Kleister	Maus – Haus	Katze – Tatze
Wanzen – Tanzen	Bach – Krach	Sachen – Lachen

b Kreist die Großbuchstaben in den Treppentexten ein. Überprüft, an welcher Stelle das großgeschriebene Wort in jeder Zeile steht.

c Begründet mündlich, warum ihr diese Wörter großgeschrieben habt.
Das großgeschriebene Wort steht an letzter Stelle (am Zeilenende).

Platz für die Treppentexte:

Beispiellösung:

Der Regen
der starke Regen
der starke, warme Regen
landet
auf den trockenen Wegen

Kommentar:

Vorwissen	Steigerungsformen von Adjektiven bilden
Lernziele	Die Schülerinnen und Schüler lernen die Erweiterungsprobe mit Adjektivattributen kennen. Sie bilden Steigerungsformen zu vorgegebenen Adjektiven, um sie zu erkennen.

Lösungen zu Seite 41:

Aufgabe 2 :

Im Zweifel erweitern

Manchmal weiß man nicht, ob ein Wort groß- oder kleingeschrieben wird. Ihr könnt euch helfen, indem ihr vor das Wort, bei dem ihr euch nicht sicher seid, ein Adjektiv setzt:

Paul fährt mit dem **fahrrad / Fahrrad** durch die **gegend / Gegend.**

Die **jungen / Jungen** machen heute aber **lärm / Lärm.**

Die Erweiterungsprobe:

Paul fährt mit dem **neuen Fahrrad** durch die **schöne Gegend.**

Die **kleinen Jungen** machen heute aber **großen Lärm.**

Adjektive sind Wörter, die vor einem Nomen stehen können. Sie bezeichnen das Nomen genauer. Man kann sie steigern. Probiert das an den Wörtern im Kasten aus:

klein groß jung alt tief neu schnell langsam
ruhig laut schön fleißig freundlich

klein: Der kleine Hund ist sehr süß. Meine Mutter ist kleiner als ich.

Beispiellösung:

Vor der Schule gibt es zwei große Bäume. Am Eingang steht der größere Baum. Die junge Katze ist verspielt. Meine Schwester ist jünger als ich. Ein alter Mann ist gestürzt. Ich mag die ältere Version des Spiels. Pia badet in einem tiefen Fluss. Eine tiefere Badestelle gibt es nicht. Ich kaufe einen neuen Fernseher. Ben hat ein neueres Handy als Tina. Der schnelle Löwe jagt das Zebra. Alle in meiner Klasse sind schneller als ich. In der Stadt fährt ein langsamer Zug. Mit dem langsameren Fahrrad will ich nicht fahren. Die ruhige Klasse löst die Aufgaben. Auf dem See ist es ruhiger als in der Stadt. Unter lautem Beifall verlässt die Schauspielerin die Bühne. Lisa singt lauter als Lena.
…

C

Kommentar:

Vorwissen	Erweiterungsprobe, Adjektive deklinieren
Lernziele	Die Schülerinnen und Schüler können mit vorgegebenen Adjektiven großgeschriebene Wörter (= Kerne von Nominalgruppen) erweitern und deklinieren dabei die Adjektive im Satz.

Lösungen zu Seite 42:

Aufgabe 3 :

Die Erweiterungsprobe

Probiert die Erweiterungsprobe an den folgenden Sätzen aus. Setzt dafür ein Adjektiv aus dem Kasten vor die fettgedruckten Wörter in den Sätzen.
Ihr müsst die Adjektive dazu etwas verändern (z. B.: groß: große, großes, großer).
Ihr könnt die Adjektive auch mehrfach verwenden.

groß, klein, leicht, hell, dunkel, schnell, gut, stark, wild, neu, alt, frei, tief, schön, lang

1. Ebru ist heute beim **Reiten** gestürzt.
2. In der **Klasse** ist das **Toben** nicht erlaubt.
3. Mein **Freund** Jan fliegt morgen ans **Meer**.
4. Beim **Tauchen** bekomme ich oft **Ohrenschmerzen**.
5. Das **Baden** im See hat ihm **Freude** bereitet.
6. Lina mag das **Rot** lieber als das **Blau**.
7. Tims **Schwester** hat oft **Angst**.
8. Die **Aussicht** von hier oben ist unbeschreiblich.
9. Draußen auf der **Straße** war gestern wieder **Lärm**.
10. Das **Fußballspiel** hat allen Spaß gemacht.

Schreibt die Sätze auf:

Beispiellösung:

1. Ebru ist heute beim **schnellen Reiten** gestürzt.
2. In der **neuen Klasse** ist das **wilde Toben** nicht erlaubt.
3. Mein **alter Freund** Jan fliegt morgen **ans schöne Meer**.
4. Beim **tiefen Tauchen** bekomme ich oft **starke Ohrenschmerzen**.
5. Das **lange Baden** im See hat ihm **große Freude** bereitet.
6. Lina mag das **helle Rot** lieber als das **dunkle Blau**.
7. Tims **kleine Schwester** hat oft **leichte Angst**.
8. Die **freie Aussicht** von hier oben ist unbeschreiblich.
9. Draußen auf der **langen Straße** war gestern wieder **großer Lärm**.
10. Das **gute Fußballspiel** hat allen Spaß gemacht.

Kommentar:

Vorwissen	Adjektive deklinieren
Lernziele	Die Schülerinnen und Schüler erkennen die Deklinationsendungen der Adjektive.

Lösungen zu Seite 43:

Aufgabe 4 :

Wie enden die Adjektive?

a Ihr habt bereits gelernt, dass Adjektive bei der Erweiterungsprobe verändert werden müssen. Ergänzt in den folgenden Sätzen die Adjektivendungen.

1. Der rote Hut gefällt Lisa am besten.
2. An kalt_en_ Tagen ziehe ich immer dick_e_ Handschuhe an.
3. Bald bekommt Laura ein neu_es_ Fahrrad.
4. Aus gut_em_ Grund lässt sein streng_er_ Opa ihn nicht mehr oft fernsehen.
5. Im letzt_en_ Sommer waren wir oft segeln.
6. Mit groß_er_ Freude empfängt Ella ihre gut_e_ Freundin.
7. Kalt_es_ Essen schmeckt mir nicht.
8. Das Haus ist in gut_em_ Zustand.
9. Karim isst am liebsten heiß_e_ Suppe mit grün_en_ Bohnen.
10. Mein neu_er_ Freund wohnt leider weit weg von uns.

b Ergänzt den folgenden Merksatz, indem ihr die unterschiedlichen Endungen einfügt, die ihr eingesetzt habt. Vergleicht eure Lösung mit einem Partner.

Mit der Erweiterungsprobe könnt ihr überprüfen, welche Wörter im Satz großgeschrieben werden. Als Erweiterungen kommen vor allem Adjektive vor. Sie haben bestimmte Endungen: e, _en, es, em, er_

C

Kommentar:

Vorwissen	Adjektive und Adjektivendungen erkennen und bilden
Lernziele	Die Schülerinnen und Schüler können Adjektive vor großgeschriebenen Kernen von Nominalgruppen finden und beachten dabei die Adjektivendungen. Sie lernen, dass die Erweiterungsprobe nur vor großgeschriebenen Wörtern positiv ausfällt.

Lösungen zu Seite 44:

Aufgabe 5 :

Noch mehr Erweiterungen

a Unterstreicht in den folgenden Sätzen alle Adjektive, die vor einem großgeschriebenen Wort stehen.

b Kreist die Endungen der unterstrichenen Adjektive ein. Überprüft, ob sie alle eine der Endungen enthalten, die ihr im Merksatz in Aufgabe 4 ergänzt habt.

Muränen: Gefährliche Meerestiere?

1. Die armlangen Muränen gehören zu den aalartigen Fischen.
2. Sie gelten häufig als bedrohliche Meerestiere mit gefährlichen Giftzähnen.
3. Sie zeigen tatsächlich oft ihre zahlreichen Zähne.
4. Das liegt daran, dass sie nur mit offenem Maul atmen können.
5. Gefährlich sind aber nicht ihre hakenförmigen Zähne, sondern auch ihr giftiges Blut.
6. Ihre schuppenlose Haut ist von einer dicken Schleimschicht überzogen.
7. Sie hilft den wendigen Tieren beim schwerelosen Gleiten durch scharfkantige Felsen.
8. So sind sie vor unangenehmen Verletzungen gut geschützt.

Aufgabe 6 :

Mal groß, mal klein

Wörter werden im Satz großgeschrieben, wenn sie erweitert werden können. Überprüft das an den folgenden Sätzen wie in dem Beispiel.

Beispiellösung:

Ich freue mich schon auf das _schöne_ ~~klettern~~/Klettern nachher.
Wir _–_ klettern/~~Klettern~~ heute in der Halle.

Julia ist gestern beim _wilden_ ~~spielen~~/Spielen hingefallen.

Ihre Freunde und sie _–_ spielen/~~Spielen~~ jeden Freitag bei ihrer Oma.

Unser neues Trikot ist _–_ blau/~~Blau~~ mit weißen Streifen.

Das _helle_ ~~blau~~/Blau gefällt mir wirklich gut.

Kommentar:

Vorwissen	vorgegebene Satzteile umstellen können
Lernziele	Die Schülerinnen und Schüler können vorgegebene Satzteile umstellen. Sie erkennen, dass das großgeschriebene Wort (der Kern der Nominalgruppe) jeweils am Ende der Wortgruppe steht.

Lösungen zu Seite 45:

Aufgabe 7 :

Großschreibungen durch Umstellen erkennen

a Schreibt die Sätze ab. Achtet auf die Groß- und Kleinschreibung und den Punkt am Ende. Ihr müsst keinen großen Abstand zwischen den Satzteilen lassen.

DER NETTE VATER STELLT
DAS LECKERE ESSEN
AUF DEN GEDECKTEN TISCH.

WEGEN SEINES KLÄGLICHEN WINSELNS DURFTE
DER KLEINE HUND IM WARMEN BETT SCHLAFEN.

Der nette Vater
stellt
das leckere Essen
auf den gedeckten Tisch.

Wegen seines kläglichen Winselns
durfte
der kleine Hund
im warmen Bett
schlafen.

b Umkreist die großgeschriebenen Wörter.

C

Kommentar:

Vorwissen	vorgegebene Satzteile umstellen können
Lernziele	Die Schülerinnen und Schüler können vorgegebene Satzteile umstellen. Sie erkennen, dass das großgeschriebene Wort (der Kern der Nominalgruppe) jeweils am Ende der Wortgruppe steht.

Lösungen zu Seite 46:

c Stellt die Satzteile um und schreibt sie auf. Es darf nur die Reihenfolge der Satzteile geändert werden. Es sollen sinnvolle Sätze entstehen. Umkreist die großgeschriebenen Wörter.

Mögliche Umstellungen:

Das leckere Essen stellt der nette Vater auf den gedeckten Tisch.

Auf den gedeckten Tisch stellt der nette Vater das leckere Essen.

Der kleine Hund durfte wegen seines kläglichen Winselns im warmen Bett schlafen.

Der kleine Hund durfte im warmen Bett wegen seines kläglichen Winselns schlafen.

Im warmen Bett durfte der kleine Hund wegen seines kläglichen Winselns schlafen.

d Überprüft, an welcher Stelle des umgestellten Satzteils das großgeschriebene Wort steht. Untersucht, ob das auch so ist, wenn ihr die Satzteile noch einmal umstellt.

Das großgeschriebene Wort steht an der letzten Stelle des Satzteils.

Auch nach dem Umstellen wird das letzte Wort des Satzteils großgeschrieben.

Umstellungsmöglichkeiten sind unter c angegeben.

Kommentar:

Vorwissen	Satzteile bzw. Wortgruppen durch Umstellen ermitteln
Lernziele	Die Schülerinnen und Schüler können durch Umstellen Satzteile ermitteln. Sie erkennen, dass das großgeschriebene Wort jeweils am Ende des Satzteils steht.

Lösungen zu Seite 47:

Aufgabe 8 :

Wo stehen die großgeschriebenen Wörter?

Hier sollt ihr selbst die Satzteile finden, die zusammengehören und immer zusammen umgestellt werden müssen.

1. MEIN NEUER FREUND KOMMT ZU UNSEREM TREFFEN
2. DAS KURZE TREFFEN IST AM FRÜHEN NACHMITTAG
3. DAS ESSEN STEHT SCHON AUF DEM GEDECKTEN TISCH

a Schreibt die Sätze ab. Achtet auf die Groß- und Kleinschreibung und den Punkt am Ende.

b Umkreist die großgeschriebenen Wörter.

c Stellt die Satzteile um. Sie sollen sinnvoll bleiben. Schreibt die neuen Sätze auf. Achtet auf die Groß- und Kleinschreibung und den Punkt am Ende.

d Unterstreicht die Wortgruppen, die beim Umstellen zusammengeblieben sind, in unterschiedlichen Farben.

e Umkreist in den umgestellten Sätzen die großgeschriebenen Wörter.

f Überprüft, an welcher Stelle in der Wortgruppe die großgeschriebenen Wörter stehen.

Mein neuer Freund kommt zu unserem Treffen.

Das kurze Treffen ist am frühen Nachmittag.

Das Essen steht schon auf dem gedeckten Tisch.

Zu unserem Treffen kommt mein neuer Freund.

Am frühen Nachmittag ist das kurze Treffen.

Auf dem gedeckten Tisch steht schon das Essen.

C

Kommentar:

Vorwissen	Erweiterungsprobe
Lernziele	Die Schülerinnen und Schüler prüfen anhand vorgegebener Adjektiv-erweiterungen in Sätzen ihre Korrekturentscheidungen.

Lösungen zu Seite 48:

Aufgabe 9 :

Groß oder klein?

In den folgenden Sätzen ist (außer am Satzanfang) alles kleingeschrieben.

a Verbessert die Sätze, indem ihr die Wörter, die großgeschrieben werden müssen, streicht und richtig schreibt.

b Überprüft eure Entscheidung mit der Erweiterungsprobe. Unterstreicht dafür die Wörter, die vor dem Wort stehen, das ihr großschreiben würdet.

c Vergleicht eure Ergebnisse mit eurem Tischnachbarn.

Das ist schön im Herbst:

1. Im goldenen ~~herbst~~ Herbst leuchten die reifen ~~äpfel~~ Äpfel in kräftigem ~~rot~~ Rot.
2. Die klare ~~luft~~ Luft lockt alle faulen ~~stubenhocker~~ Stubenhocker in den herbstlichen ~~park~~ Park.
3. Glückliche ~~mütter~~ Mütter beobachten ihre wilden ~~kleinen~~ Kleinen beim fröhlichen ~~planschen~~ Planschen in bräunlichen ~~pfützen~~ Pfützen.
4. Die bunten ~~blätter~~ Blätter rascheln beim schnellen ~~gehen~~ Gehen.

Das ist nicht so schön im Herbst:

5. Trotz sportlicher ~~ziele~~ Ziele kostet das morgendliche ~~joggen~~ Joggen den ehrgeizigen ~~läufer~~ Läufer jetzt größere ~~überwindung~~ Überwindung.
6. Dichte ~~wolken~~ Wolken tauchen den bedeckten ~~himmel~~ Himmel in ein dunkles ~~grau~~ Grau.
7. Auf dem morgendlichen ~~weg~~ Weg in die schöne ~~schule~~ Schule müssen vor allem die kleinen Kinder gut aufpassen.
8. Sie sollten helle ~~kleidung~~ Kleidung tragen.

Kommentar:

Vorwissen	Erweiterungsprobe
Lernziele	Die Schülerinnen und Schüler prüfen anhand vorgegebener Adjektiv-erweiterungen in Sätzen ihre Korrekturentscheidungen.

Lösungen zu Seite 49:

Aufgabe 10:

Die richtige Schreibung mit der Erweiterungsprobe ermitteln

Arbeitet zu zweit. Überprüft, ob die fettgedruckten Wörter im Text großgeschrieben werden müssen. Nutzt dazu die Erweiterungsprobe.
Streicht den Buchstaben durch, der nicht passt.

Laura hatte es sich mit ihrem kleinen Bruder vor dem Fernseher gemütlich gemacht. Die Eltern waren ausgegangen und wollten bald **~~Z~~/zurückkommen**. Plötzlich hörte Laura ein **K/~~k~~nacken** und **K/~~k~~narre**n aus dem Garten. Und dann folgte auch noch ein **G/~~g~~runzen**. Der Bruder schaute Laura mit großen, ängstlichen Augen an und fragte: „Was ist das?" Da überwand Laura ihre eigene Angst und öffnete mit **Z/~~z~~ittern** und **B/~~b~~angen** die Gardine zum Garten einen Spalt. Nun erblickte sie den Übeltäter: Ein Igel wollte durch die Ritterburg steigen, die sich Lauras Bruder am Nachmittag im Garten **~~A~~/aufgebau**t hatte. Daher kamen die seltsamen Geräusche! Nun saß der Igel auf einem der Dächer der kleinen Burg. Da rutschte er schon **~~H~~/hinunter** und landete sicher im weichen Gras. Laura fand, dass das sehr zum **L/~~l~~achen** aussah.

C

Kommentar:

Vorwissen	Erweiterungsprobe
Lernziele	Die Schülerinnen und Schüler nutzen eigene Adjektiverweiterungen als Entscheidungshilfe für Korrekturentscheidungen.

Lösungen zu Seite 50:

Aufgabe 11 :

Wo kann man erweitern?

Überprüft in den folgenden Sätzen, welche Wörter großgeschrieben werden. Führt dazu die Erweiterungsprobe durch. Schreibt die Wörter richtig auf.
Achtung: Einige Wörter sind bereits erweitert. Denkt daran, auch diese Wörter großzuschreiben.

1. Das grün passt sehr gut zu dem gelb.
2. Der vater stellt das essen auf den tisch.
3. Mein bruder kann jetzt schwimmen.
4. Für das treffen am wochenende müssen wir noch viel einkaufen.
5. Das blühen will in diesem jahr gar kein ende nehmen.
6. Dieser laden hat montags geschlossen.
7. Beim wecken ist meine schwester oft noch müde.
8. In dieser straße ist das parken auf gehwegen verboten.
9. Die reise hat uns allen freude bereitet.
10. Zum tanzen zieht Mia heute ein kleid an.

Beispiellösung:

1. Das **(helle) Grün** passt sehr gut zu dem **(dunklen) Gelb**.
2. Der **(junge) Vater** stellt das **(leckere) Essen** auf den **(großen) Tisch**.
3. Mein **(kleiner) Bruder** kann jetzt schwimmen.
4. Für das **(große) Treffen** am **(langen) Wochenende** müssen wir noch viel einkaufen.
5. Das **(schöne) Blühen** will in diesem **(neuen) Jahr** gar kein **(richtiges) Ende** nehmen.
6. Dieser **(kleine) Laden** hat montags geschlossen.
7. Beim **(frühen) Wecken** ist meine **(große) Schwester** oft noch müde.
8. In dieser **(kleinen) Straße** ist das **(falsche) Parken** auf den **(sicheren) Gehwegen** verboten.
9. Die **(lange) Reise** hat uns allen **(große) Freude** bereitet.
10. Zum **(ruhigen) Tanzen** zieht Mia heute ein **(feines) Kleid** an.

Lösungen und Kommentare

Teil D

Rechtschreibstrategien nutzen

Kommentar:

Vorwissen	Silbenprobe, Verlängern (= zweisilbiges Schlüsselwort bilden), Ableiten
Lernziele	Die Schülerinnen und Schüler können Schreibungen mit Hilfe der gelernten Rechtschreibstrategien begründen.

Lösungen zu Seite 52:

Aufgabe 1 :

Warum wird das Wort so geschrieben?

Begründe die Schreibungen der Wörter mit den Rechtschreibstrategien wie in dem Beispiel.

Warum wird das Wort so geschrieben?	Welche Strategien können mir helfen?			So gehe ich vor:
Warum schreiben wir **kennen** mit *nn*?	Strategien	☺	☹	kennen
	⌣⌣	X		
	↪		X	
	ϟ		X	
Warum schreiben wir **Räume** mit *äu*?	Strategien	☺	☹	Räume ϟ Raum
	⌣⌣		X	
	↪		X	
	ϟ	X		
Warum schreiben wir **Zug** mit *g*?	Strategien	☺	☹	Zug ↪ Züge
	⌣⌣		X	
	↪	X		
	ϟ		X	
Warum schreiben wir **Zelt** nur mit einem *l*?	Strategien	☺	☹	Zelt ↪ Zelte
	⌣⌣	X		
	↪	X		
	ϟ		X	
Warum schreiben wir **stellt** mit *ll*?	Strategien	☺	☹	stellt ↪ stellen
	⌣⌣	X		
	↪	X		
	ϟ		X	
Warum schreiben wir **Bild** mit *d*?	Strategien	☺	☹	Bild ↪ Bilder
	⌣⌣		X	
	↪	X		
	ϟ		X	

Kommentar:

Vorwissen	Silbenprobe, Verlängern (= zweisilbiges Schlüsselwort bilden), Ableiten
Lernziele	Die Schülerinnen und Schüler können Schreibungen mit Hilfe der gelernten Rechtschreibstrategien begründen.

Lösungen zu Seite 53:

Aufgabe 2 :

Warum wird das Wort so geschrieben?

Begründe die Schreibungen der Wörter mit den Rechtschreibstrategien wie in dem Beispiel.

Warum wird das Wort so geschrieben?	Welche Strategien können mir helfen?			So gehe ich vor:
	Strategien	☺	☹	
Warum schreiben wir **Schild** mit *d*?	◡◡	X		Schild ↪ Schilder
	↪	X		
	ϟ		X	
	Strategien	☺	☹	
Warum schreiben wir **Welt** nur mit einem *l*?	◡◡	X		Welt ↪ Welten
	↪	X		
	ϟ		X	
	Strategien	☺	☹	
Warum schreiben wir **Träume** mit *äu*?	◡◡		X	Träume ϟ Traum
	↪		X	
	ϟ	X		
	Strategien	☺	☹	
Warum schreiben wir **bellt** mit *ll*?	◡◡	X		bellt ↪ bellen
	↪	X		
	ϟ		X	
	Strategien	☺	☹	
Warum schreiben wir **Flug** mit *g*?	◡◡		X	Flug ↪ Flüge
	↪	X		
	ϟ		X	
	Strategien	☺	☹	
Warum schreiben wir **brummt** mit *mm*?	◡◡	X		brummt ↪ brummen
	↪	X		
	ϟ		X	

D

Kommentar:

Vorwissen	Silbenprobe, Verlängern (= zweisilbiges Schlüsselwort bilden), Ableiten
Lernziele	Die Schülerinnen und Schüler können Schreibungen mit Hilfe der gelernten Rechtschreibstrategien begründen.

Lösungen
zu Seite 54:

Aufgabe 3 :

Warum wird das Wort so geschrieben?

Begründe die Wortschreibungen mit den Rechtschreibstrategien
wie in dem Beispiel.

Warum wird das Wort so geschrieben?	Welche Strategien können mir helfen?			So gehe ich vor:
Warum schreiben wir **fallen** mit *ll*?	Strategien	☺	☹	fal len
	◡◡	X		
	↪		X	
	ϟ		X	
Warum schreiben wir **Wind** mit *d*?	Strategien	☺	☹	Wind ↪ Winde
	◡◡		X	
	↪	X		
	ϟ		X	
Warum schreiben wir **Freund** mit *d*?	Strategien	☺	☹	Freund ↪ Freunde
	◡◡		X	
	↪	X		
	ϟ		X	
Warum schreiben wir **schläft** mit *ä*?	Strategien	☺	☹	schläft ϟ schlafen
	◡◡		X	
	↪		X	
	ϟ	X		
Warum schreiben wir **Lied** mit *d*?	Strategien	☺	☹	Lied ↪ Lieder
	◡◡		X	
	↪	X		
	ϟ		X	
Warum schreiben wir **Stimme** mit *mm*?	Strategien	☺	☹	Stimme
	◡◡	X		
	↪		X	
	ϟ		X	

Kommentar:

Vorwissen	Silbenprobe, Verlängern (= zweisilbiges Schlüsselwort bilden), Ableiten
Lernziele	Die Schülerinnen und Schüler können mit Hilfe der Rechtschreibstrategien richtige von falschen Schreibungen unterscheiden.

Lösungen zu Seite 55:

Aufgabe 4 :

Welches Wort ist richtig?

Streiche die falsch geschriebenen Wörter durch und begründe deine Entscheidung mit den Rechtschreibstrategien wie in dem Beispiel.

Warum wird das Wort so geschrieben?	Welche Strategien können mir helfen?			So gehe ich vor:
stellt oder ~~stelt~~?	Strategien	☺	☹	stellt → stel len
	◡◡	X		
	→	X		
	ϟ		X	
bunt oder ~~bunnt~~?	Strategien	☺	☹	bunt → bunte
	◡◡	X		
	→	X		
	ϟ		X	
~~kelter~~ oder kälter?	Strategien	☺	☹	kälter ϟ kalt
	◡◡		X	
	→		X	
	ϟ	X		
~~Walt~~ oder Wald?	Strategien	☺	☹	Wald → Wälder
	◡◡		X	
	→	X		
	ϟ		X	
~~stet~~ oder steht?	Strategien	☺	☹	steht → stehen
	◡◡	X		
	→	X		
	ϟ		X	
Sonne oder ~~Sone~~?	Strategien	☺	☹	Sonne
	◡◡	X		
	→		X	
	ϟ		X	

D

Kommentar:

Vorwissen	Silbenprobe, Verlängern (= zweisilbiges Schlüsselwort bilden), Ableiten
Lernziele	Die Schülerinnen und Schüler können mit Hilfe der Rechtschreibstrategien richtige von falschen Schreibungen unterscheiden.

Lösungen zu Seite 56:

Aufgabe 5 :

Welches Wort ist richtig?

Streiche die falsch geschriebenen Wörter durch und begründe deine Entscheidung mit den Rechtschreibstrategien wie in dem Beispiel.

Welche Schreibung ist richtig?	Welche Strategien können mir helfen?			So gehe ich vor:
schlimm oder ~~schlim~~?	Strategien	☺	☹	schlimm ↪ schlimmer
	◡◡	X		
	↪	X		
	ϟ		X	
fegt oder fekt?	Strategien	☺	☹	fegt ↪ fegen
	◡◡		X	
	↪	X		
	ϟ		X	
Bäume oder Beume?	Strategien	☺	☹	Bäume ϟ Baum
	◡◡		X	
	↪		X	
	ϟ	X		
get oder geht?	Strategien	☺	☹	geht ↪ gehen
	◡◡	X		
	↪	X		
	ϟ		X	
Kanne oder Kane?	Strategien	☺	☹	Kanne
	◡◡	X		
	↪		X	
	ϟ		X	
hält oder hällt?	Strategien	☺	☹	hält ↪ halten
	◡◡	X		
	↪	X		
	ϟ		X	

Kommentar:

Vorwissen	Strategien: Silbenprobe, Verlängern (= zweisilbiges Schlüsselwort bilden), Ableiten, Wortbausteine
Lernziele	Die Schülerinnen und Schüler können mit Hilfe der Rechtschreibstrategien richtige von falschen Schreibungen unterscheiden.

Lösungen zu Seite 57:

Aufgabe 6 :

Welches Wort ist richtig?

Streiche die falsch geschrieben Wörter durch und begründe deine Entscheidung mit den Rechtschreibstrategien wie in dem Beispiel.

Welche Schreibung ist richtig?	Welche Strategien können mir helfen?			So gehe ich vor:
	Strategien	☺	☹	
Schnellzug oder ~~Schnelzug~~?	Silbenbogen	X		Schnell|zug
	Verlängern	X		schnell → schnel|ler
	Ableiten		X	
	Wortbausteine	X		
	Strategien	☺	☹	
sandig oder ~~sandich~~?	Silbenbogen		X	sand|ig
	Verlängern		X	
	Ableiten		X	
	Wortbausteine	X		
	Strategien	☺	☹	
Kreuzung oder ~~Kreutzung~~?	Silbenbogen	X		Kreuz|ung
	Verlängern	X		Kreuz → Kreuze
	Ableiten		X	
	Wortbausteine	X		
	Strategien	☺	☹	
~~Hantball~~ oder Handball?	Silbenbogen		X	Hand|ball
	Verlängern	X		Hand → Hände
	Ableiten		X	
	Wortbausteine	X		
	Strategien	☺	☹	
Backofen oder ~~Bakofen~~?	Silbenbogen	X		Back|ofen
	Verlängern	X		back → backen
	Ableiten		X	
	Wortbausteine	X		

Kommentar:

Vorwissen	Strategien: Silbenprobe, Verlängern (= zweisilbiges Schlüsselwort bilden), Ableiten
Lernziele	Die Schülerinnen und Schüler können falsche Schreibungen im Satz erkennen und die richtige Schreibung mit Hilfe der Rechtschreibstrategien herleiten.

Lösungen zu Seite 58:

Aufgabe 7 :

Finde den Fehler

In der ersten Spalte der Tabelle stehen Sätze. In jedem Satz ist ein Wort falsch geschrieben. Streiche das falsch geschriebene Wort durch und schreibe das richtige Wort in die zweite Spalte. Nutze dafür die Rechtschreibstrategien und begründe die Schreibung wie in dem Beispiel.

Welches Wort ist falsch geschrieben?	So wird das Wort geschrieben:	Welche Strategien können mir helfen?			So gehe ich vor:
		Strategien	☺	☹	
Das Glas ~~felt~~ auf den Boden.	fällt	◡◡	X		fällt ↪ fallen
		↪	X		
		ϟ		X	
		Strategien	☺	☹	
Mein ~~Rantzen~~ ist heute sehr schwer.	Ranzen	◡◡	X		Ranzen
		↪		X	
		ϟ		X	
		Strategien	☺	☹	
Das ~~Billd~~ an der Wand ist sehr schön.	Bild	◡◡	X		Bild ↪ Bilder
		↪	X		
		ϟ		X	
		Strategien	☺	☹	
Meine Schwester ~~komt~~ im Sommer in die Schule.	kommt	◡◡	X		kommt ↪ kommen
		↪	X		
		ϟ		X	
		Strategien	☺	☹	
Der Hund ~~ziet~~ an der Leine.	zieht	◡◡	X		zieht ↪ ziehen
		↪	X		
		ϟ		X	

Kommentare

Teil E

Mit Texten üben

Kommentar:

Aufgaben zum Üben in Partnerarbeit

Lernziel Festigung des Gelernten

Aufgabe 1 :

Überprüft, was ihr könnt

a Arbeitet mit einem Partner. Diktiert euch gegenseitig den Text (Teil A der eine, Teil B der andere). Wer schreibt, deckt den Text ab. Wer diktiert, deckt den anderen Textteil ab.

Teil A:

Der giftigste Fisch der Welt

Zu den giftigsten Fischen gehören einige Steinfischarten. Ihr Gift ist sehr schmerzhaft und kann auch für den Menschen tödlich sein. Steinfische leben vor allem in tropischen Gewässern. Sie können sich sehr gut als unauffälliger Stein tarnen.

Teil B:

Steinfische bevorzugen flaches Wasser in Felsriffen und in Flussmündungen. Sie sind schlechte Schwimmer. Als gut getarnte Lauerjäger ernähren sie sich vor allem von kleinen Fischen. Sie saugen sie durch schnelles Aufreißen ihres Mauls ein. Ihre Giftstacheln auf dem Rücken benutzen sie ausschließlich zur Verteidigung.

b Vergleicht eure Lösungen mit dem Originaltext.

Kommentar:

Aufgaben zum Üben in Partnerarbeit

Lernziel Festigung des Gelernten

Aufgabe 2 :

Überprüft, was ihr könnt

a Arbeitet mit einem Partner. Diktiert euch gegenseitig den Text (Teil A der eine, Teil B der andere). Wer schreibt, deckt den Text ab. Wer diktiert, deckt den anderen Text ab.

Teil A:

Der aufmerksame Hund

Beim Spielen am Stadtrand war plötzlich der zehn Jahre alte Anton verschwunden. Er schien wie vom Erdboden verschluckt. In der Dämmerung war der Junge in einen alten Brunnen gerutscht und niemand hörte sein Schreien. Nur ein kleiner Hund bemerkte das schreckliche Unglück und erregte durch sein lautes Bellen die Aufmerksamkeit seines Besitzers. Dieser löste die Leine und der Kleine sprang mit raschen Sätzen zum Brunnenrand.

Teil B:

Der Mann folgte ihm und hörte das Weinen des Jungen. Mit der Hilfe eines anderen Fußgängers ließ er einen Strick hinunter. Nach drei Versuchen konnte Anton gerettet werden. Er hatte nur einige Schrammen und offenbar einen Schutzengel, da nichts Schlimmes geschehen war. Am nächsten Tag bedankte sich der Gerettete bei dem Hund mit einer großen Wurst. Etwas Schöneres konnte es für den Retter natürlich nicht geben.

b Vergleicht eure Lösungen mit dem Originaltext.

E

Kommentar:

Aufgaben zum Üben in Partnerarbeit

Lernziel Festigung des Gelernten

Aufgabe 3 :

Überprüft, was ihr könnt

a Arbeitet mit einem Partner. Diktiert euch gegenseitig den Text (Teil A der eine, Teil B der andere). Wer schreibt, deckt den Text ab. Wer diktiert, deckt den anderen Textteil ab.

Teil A:

Das Schlaraffenland

Das Schlaraffenland ist für viele Menschen das Land der Träume. Hier gibt es alles im Überfluss. In den Flüssen fließen Milch, Honig oder Wein statt Wasser. Alle Tiere des Schlaraffenlandes hüpfen und fliegen bereits gebraten durch das Land.

Teil B:

Die Häuser der Bewohner bestehen aus Kuchen. Statt mit Steinen sind die Straßen der Städte und Dörfer mit Käse gepflastert.
Die größte Tugend der Bewohner des Schlaraffenlandes ist das Genießen. Fleißige und harte Arbeit gilt als Sünde.

b Vergleicht eure Lösungen mit dem Originaltext.

Kommentar:

Aufgaben zum Üben in Partnerarbeit

Lernziel Festigung des Gelernten

Aufgabe 4 :

Überprüft, was ihr könnt

a Arbeitet mit einem Partner. Diktiert euch gegenseitig den Text (Teil A der eine, Teil B der andere). Wer schreibt, deckt den Text ab. Wer diktiert, deckt den anderen Text ab.

Teil A:

Warum ziehen Zugvögel im Herbst in den Süden?

Im Herbst kann man am Himmel manchmal Vogelschwärme beobachten. Störche, Schwalben und andere Zugvögel ziehen wegen der Nahrung und der niedrigen Temperaturen in wärmere Gebiete. Im Herbst werden die Tage bei uns kühler und kürzer. Es gibt kaum noch Früchte und Würmer. Vor dem langen Flug fressen sich die Vögel einen Fettvorrat an und machen sich auf die lange, gefährliche Reise.

Teil B:

Aber warum bleiben die Vögel nicht einfach das ganze Jahr über im Süden?

Das Ausweichen in den Norden hat den Vorteil, dass die sehr lange Helligkeit am Tag die Zeit zur Futtersuche verlängert. Die langen Tage begünstigen die erfolgreiche Aufzucht der Jungen. Außerdem versammeln sich in den weiter südlich gelegenen Gebieten so viele Vögel, dass auch dort die Nahrung knapp werden kann. Dann könnten viele Vögel keine Eier mehr legen. Die Jungvögel könnten später nicht mit Nahrung versorgt werden.

b Vergleicht eure Lösungen mit dem Originaltext.

c Schreibt hier Wörter auf, die euch noch Schwierigkeiten bereiten:

E

Hinweise zu den Heftteilen

Vorbemerkungen

Die Aufgaben in *Wörtern und Sätzen auf der Spur. Mein Rechtschreibheft* und dem hier vorliegenden Heft *Lösungen und Kommentare für Lehrkräfte* wenden sich vor allem zwei großen Bereichen der Rechtschreibung zu:

- der Schreibung von einfachen und komplexen Wörtern (Teil A, B und D) sowie
- der satzinternen Großschreibung (Teil C).

Sie sind für den Einsatz im Unterricht konzipiert – nicht zur selbstständigen Erarbeitung. Denn viele Aufgaben verlangen, dass sich die Schülerinnen und Schüler mit einer Partnerin bzw. einem Partner austauschen oder dass die Hypothesen und die Lösungen im Plenum verglichen werden. Selbstverständlich können einzelne Aufgaben auch in Einzelarbeit oder zu Hause bearbeitet werden. Die Lösungen im Lehrerbegleitheft dienen aber nicht vorrangig zur Selbstkontrolle, sondern sollen den Vorbereitungsaufwand der Lehrkräfte verringern.

Es geht in den Aufgaben um entdeckendes Lernen und einsichtsvolles Üben. Deshalb können Hypothesen gebildet und überprüft werden, und es ist an vielen Stellen ein Austausch über Schreibungen vorgesehen. Ergänzungen zu den Aufgaben als Differenzierung sind jederzeit möglich und gewünscht (vgl. auch Müller 2019). So können leistungsstärkere Schülerinnen und Schüler kleine „Vorträge" über die Schreibung einzelner Wörter halten oder weitere Übungswörter für ihre Mitschülerinnen und Mitschüler suchen. Als Format, das sich gut für das entdeckende Rechtschreiblernen eignet, haben sich vor allem Rechtschreibgespräche bewährt (vgl. Schröder 2014). Diese sollten zunächst von der Lehrkraft initiiert und angeleitet werden und können später in Kleingruppen durchgeführt werden. Aber auch spielerische Zugänge zur Schreibung von Wörtern sind möglich (vgl. Bangel 2014).

Die Aufgaben sind – je nach Leistungsstand und Vorwissen der Lerngruppe – für den Einsatz ab Klasse 4 konzipiert. Einzelne Aufgabenformate lassen sich jedoch durchaus früher verwenden.

Teil A: Silben und Wörter untersuchen

Die Aufgaben in Teil A sind darauf ausgerichtet, dass die Schülerinnen und Schüler die Regularitäten, die den Kernbereich der Schreibung nativer Wörter bestimmen (s. Tabelle 1), selbstständig entdecken und diese Wörter sicher analysieren und schreiben können. Auf dieser Grundlage lernen sie zum einen, auch solche Wörter sicher zu analysieren und zu schreiben, die sie vorher noch nicht geschrieben haben, aber die nach denselben Baumustern (s. Übersicht 1) aufgebaut sind. Zum anderen können sie den Peripheriebereich des nativen Wortschatzes und Fremdwörter, die anderen Regularitäten unterliegen, sicher bestimmen – und diese Wörter als Merkwörter oder Wörter, die anderen Regularitäten folgen, identifizieren.

Die Auswahl des Wortmaterials und die Lernprogression in den Aufgaben orientieren sich an grundlegenden Erkenntnissen der Schriftlinguistik, die sich wie folgt zusammenfassen lassen:

Die prototypischen Strukturen geschriebener Wörter des Deutschen kann man an den zweisilbigen nativen Inhaltswörtern (Substantiven, Verben, Adjektiven, z. T. Adverbien) erkennen. Zu diesen typischen Zweisilbern gehören:

- fast alle Infinitivformen nativer Verben (*lesen, schreiben, rechnen, basteln;* Ausnahmen: *sein, tun, heiraten, arbeiten, vergessen, verlieren*),
- die Singular- oder Pluralform fast aller Substantive (*Blume, Rasen, Wurzel, Töne, Türen, Wetter, Rehe;* Ausnahmen: *König, Honig, Ebene*) und
- die Adjektive in der Grundform oder in flektierter bzw. komparierter Form (*böse, leise, schneller, bunter, schöner*; Ausnahme: *gesund*).

Für die zweisilbigen nativen Inhaltswörter gilt, dass sie aus zwei Schreibsilben bestehen: einer Haupt- und einer Reduktionssilbe. Die zweite Silbe darf ausschließlich den Buchstaben *e* als Silbenkern enthalten. Native Wörter wie *gesund* oder Fremdwörter wie *Pirat* und *Regal* gehören deshalb nicht zum Kernbereich der Wortschreibung.

Die prototypische Wortstruktur gibt uns Hinweise zur Aussprache der Wörter: Die Hauptsilbe ist betont, die Reduktionssilbe ist unbetont. So wird die für das Deutsche typische trochäische Wortstruktur erkenn- und für das Lesen nutzbar. Darüber hinaus erhalten wir durch die Besetzung des Silbenendrands der Hauptsilbe Informationen darüber, wie der Silbenkern gesprochen werden muss:

- Ist der Silbenendrand der Hauptsilbe nicht besetzt, wird in der Sprechsilbe der Vokal lang und gespannt gesprochen (*haben, geben, schieben*).
- Ist der Silbenendrand der Hauptsilbe mit einem Konsonantenbuchstaben besetzt, wird in der Sprechsilbe der Silbenkern der Hauptsilbe kurz und ungespannt gesprochen (*halten, essen*).

Tabelle 1: Der Aufbau der Schreibsilbe im Kernbereich der deutschen Wortschreibung

Hauptsilbe			**Reduktionssilbe**		
Silbenanfangsrand	**Silbenkern**	Silbenendrand	Silbenanfangsrand	**Silbenkern**	Silbenendrand
Br	**u**		d	**e**	r
h	**a**	l	t	**e**	n
	e	s	s	**e**	n
g	**e**		h	**e**	n
L	**ie**		b	**e**	
b	**au**			**e**	n

Die Wörter in Tabelle 1 zeigen noch weitere Auffälligkeiten, die eine gute Basis für die systematische Erschließung der Wortschreibung bilden:

- Der Kern der Hauptsilbe wird mit mindestens einem Vokalbuchstaben besetzt. Auch die Schreibdiphthonge <au>, <ei>, <eu>, <äu> und das <ie> können den Kern der Hauptsilbe bilden: *R**u**nde, R**u**der, L**a**mpen, **Eu**le, **Au**ge, B**ei**ne, B**ie**ne, W**ie**se*.
- Der Anfangsrand der Hauptsilbe kann mit einem bis vier Konsonantenbuchstaben besetzt sein (***B**esen, **Br**uder, **St**ifte, **sch**auen, **schr**eiben*). Er kann im geschriebenen Wort auch unbesetzt bleiben: *Esel, Auge, alte, Ente*.
- Die zweite Schreibsilbe repräsentiert die Reduktionsilbe. Für sie gilt, dass der Buchstabe *e* als Kern immer geschrieben wird, auch wenn er nicht unbedingt ein Äquivalent im Gesprochenen hat, wie z. B. bei *geben, malen, rennen*.
- Der Anfangsrand der Reduktionssilbe ist im Geschriebenen in der Regel mit einem Konsonantenbuchstaben besetzt (*Run**d**e, Ru**d**er, Bie**n**e, se**h**en*). Die einzigen Ausnahmen bilden Wörter mit Schreibdiphthongen wie z. B. *Frauen, Feuer, Feier* (aber: *Reihe, Weiher*). Hier bleibt der Anfangsrand der geschriebenen Reduktionssilbe i. d. R. unbesetzt

Aus den grundlegenden Strukturen lassen sich vier Baumuster (vgl. Bangel et al. 2017; Hinney 2017) identifizieren, die die Basis für das Entdecken der Wortstrukturen in diesem Heft sind (s. Übersicht 1).

Diese Baumuster geben die Lernprogression vor: Wenn die Schreibregularitäten und die Leseinstruktion für Baumuster 1 und 2 verstanden und die Schreibung dieser Wörter sicher beherrscht werden (Aufgaben 6 – 12), können Baumuster 3 und 4 erschlossen werden (Aufgaben 13 – 16). Als Analyseinstrumente bieten sich zum einen die „Silbenprobe" (vgl. Hinney 2017), zum anderen das sogenannte „Häuser-Modell" (vgl. Bredel 2010, Aufgaben 7 und 13) an.

- **Baumuster 1:** *Nase, leben, Esel, Bogen, rote, schöne, Nudel, Liebe, Ofen, liegen*
  Die Hauptsilbe ist offen, der Vokal wird lang und gespannt gelesen.
- **Baumuster 2:** *binden, Ente, Eltern, wandern, denken, helfen, Hüfte, Welpen*
  Die Hauptsilbe ist geschlossen, der Vokal wird kurz und ungespannt gelesen.
- **Baumuster 3:** *Welle, schwimmen, Krallen, messen, fette, backen, meckern, Hitze, sitzen*
  Die Hauptsilbe wird durch die Einfügung eines Konsonantenbuchstabens geschlossen, der Vokal wird kurz und ungespannt gelesen. Im Gesprochenen hört und spricht man bei Wörtern dieses Baumusters nur einen Konsonanten, der zu beiden Silben gehört. Er bildet ein sogenanntes Silbengelenk. Zu den besonderen Silbengelenkschreibungen zählen <ck> und <tz>, da hier eine einfache Verdoppelung nicht vorgesehen ist.
- **Baumuster 4:** *Schuhe, sehen, Rehe, Mühe, wehen, gehen, stehen, Reihe*
  Die Silbengrenze bei diesen Wörtern wird im Geschriebenen mit einem <h> im Anfangsrand der Reduktionssilbe angezeigt. Zwischen Hauptsilbe und Reduktionssilbe befindet sich in der gesprochenen Sprache kein Konsonant – wir hören uns also in der Standardlautung kein [h] am Anfang der Reduktionssilbe sprechen. Die Hauptsilbe ist offen, der Vokal wird lang und gespannt gelesen.

Übersicht 1: Baumuster im Kernbereich der deutschen Wortschreibung

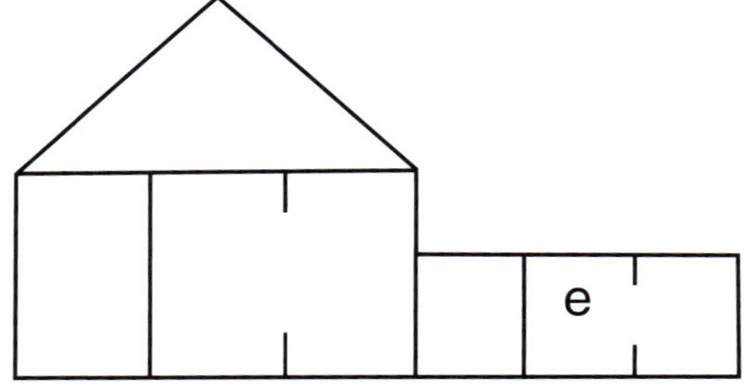

Abbildung 1: Häusermodell (Bredel 2010)

Abbildung 2: Silbenbögen für die Silbenprobe (Hinney 2017)

Abbildung 4: Kreuzbögen unter Wörtern mit Mehrgraphen als Silbengelenkschreibung

Das Häusermodell (s. Abbildung 1) kann für Wörter des Kernbereichs zeigen, dass die Silben jeweils aus Silbenanfangsrand, Silbenkern und Silbenendrand bestehen. Die Silbenkerne sind jeweils mit einem oder zwei Vokalbuchstaben besetzt. In der Reduktionssilbe erscheint ausschließlich der Buchstabe *e*. Er ist deshalb bereits in der Matrix der Aufgaben 7 und 13 eingetragen. Außerdem ist der Silbenanfangsrand der Reduktionssilbe (fast) immer besetzt. Ausnahmen von dieser Regularität finden sich bei Wörtern mit Diphthongbuchstaben (*bauen, freuen, Feuer, kauen*). Alle anderen Silbenränder können, müssen jedoch nicht besetzt sein. Die Leseinstruktion gibt der Silbenendrand der Hauptsilbe. Ist er mit einem Buchstaben besetzt (*Wes-te, brem-sen, Son-ne, schwim-men*), wird der Vokal der betonten Silbe kurz und ungespannt gelesen. Ist er nicht besetzt (*ra-ten, Rie-se, dre-hen*), wird der Vokal der betonten Silbe lang und gespannt gelesen.

Die Silbenbögen (s. Abbildung 2–3) haben als Analyseinstrument den Vorteil, dass sie direkt unter das geschriebene Wort gesetzt werden können. Der Silbenschnitt kann auch gesetzt werden, wenn die Schreibschrift genutzt wird.

Abbildung 3: Silbenbögen und Markierung des Silbenschnitts

Außerdem bieten die Silbenbögen die Möglichkeit, auch Wörter zu analysieren, die Mehrgraphen als Silbengelenkschreibung enthalten (*fischen, machen, Rache, Tische*). Diese werden im Geschriebenen nicht verdoppelt, sodass sie – genau wie ihr Äquivalent im Gesprochenen – zu beiden Silben gehören. Hier können Kreuzbögen die Zugehörigkeit dieser Buchstaben zu beiden Silben markieren (s. Abbildung 4).

Ein weiteres Baumuster gehört in den Peripheriebereich der Wortschreibung:

- **Baumuster 5**: *fühlen, wählen, nehmen, Fahne, dehnen, wohnen, Ohren*
  Bei einigen Wörtern, deren Reduktionssilbe mit <l, m, n, r> beginnt, endet die Hauptsilbe mit dem Buchstaben *h*, um als Leseinstruktion anzuzeigen: langer und gespannter Stammvokal. Jedoch steht das Dehnungs-<h> nicht bei allen dafür in Frage kommenden Wörtern (*Schule, Name, Zone, Schere*).

Dieses Baumuster 5 kann erst erschlossen werden, wenn die Leseanweisung der anderen vier Strukturtypen erkannt wurde. Wörter des Baumusters 5 werden in den Aufgaben 20 und 21 des Heftes als Merkwörter behandelt, da das Dehnungs-h nur in ca. der Hälfte der Wörter vorkommt, in denen es vorkommen könnte.

Darüber hinaus haben Wörter mit *s, ss* oder *ß* eigene Seiten (Aufgaben 17–19), da es hier die folgende Besonderheit gibt: Folgt auf eine offene Silbe ein stimmloser s-Laut im Anfangsrand der Reduktionssilbe, dann schreiben wir *ß*: *rei-ßen, grü-ßen, Ma-ße, Flö-ße*. Stimmlosigkeit in Silbengelenkposition wird in diesen Fällen allerdings nicht durch eine Verdoppelung des Buchstabens *ß* angezeigt: Ist die erste Silbe geschlossen und gehört der stimmlose s-Laut zu beiden Silben (Silbengelenk), muss das *s* zur Schreibung des Silbengelenks herangezogen werden: *Risse, Masse, wissen, küssen, Schlösser*. Ansonsten dient der Buchstabe *s* regulär zur Verschriftung des stimmhaften s-Lautes (*rei-sen, lei-se, bö-se, Lo-se*). Die Schreibung wird auch in verwandten Formen beibehalten, in denen der s-Laut positionsbedingt stimmlos wird (*er reist, boshaft, Losbude*). Diese sogenannte Morphemkonstanz ist ein wesentliches Kennzeichen des deutschen Schriftsystems.

Die vier bzw. fünf Baumuster der nativen Basisformen werden wegen der Stärke des morphologischen Prinzips an verwandte Wörter vererbt. Das morphologische Prinzip besagt, dass nach Möglichkeit die Schreibung des Wortstamms in alle Wortformen transportiert wird. Es gibt nur wenige prominente Ausnahmen: z. B. *Blüte* und nicht **Blühte*, obwohl *blühen*. Diese Ausnahme ist jedoch auf der Grundlage der Silbenstruktur gut erklärbar. Das kann man prüfen, indem man *Blüte* und *blühen* in die Häuserstruktur einträgt: Das *h* „passt" nicht in die Struktur von *Blüte* hinein.

In Wortschreibungen wie *reißen – Risse, schließen – Schlösser, kamen – kommen* haben wir unterschiedliche Stammformen in Wörtern einer Wortfamilie. Diese Schreibungen sind deshalb für Schülerinnen und Schüler unter Umständen schwerer nachzuvollziehen, obwohl auch sie regulär über die die jeweilige Stammform enthaltende zweisilbige Basisform hergeleitet werden können. Die morphologische Konstanz zeigt sich in der Regel auch bei der Schreibung von Affixen (also Präfixen und Suffixen). Ausnahmen finden wir z. B. in diesen Fällen: *Lehrerin*, aber *Lehrerinnen*; *Ereignis*, aber *Ereignisse*.

Die morphologische Konstanz prägt (neben der großen Anzahl an zweisilbigen Basiswörtern und der satzinternen Großschreibung) das deutsche Schriftsystem ganz wesentlich. Für das orthographische Lernen ist es deshalb von Vorteil, wenn man die Basisformen (Baumuster 1–4) sicher schreiben kann, denn die phonographisch-silbischen Informationen aus diesem prototypischen Zweisilber werden an verwandte Formen vererbt. Um sicher und widerspruchsfrei zur richtigen Schreibung zu gelangen, muss man also zunächst die zweisilbige Basisform bilden (*er grüßt – grüßen, der Schuh – die Schuhe, stumm – stumme*). Aufgabe 22 zeigt, wie diese Strategie eingeführt werden kann (s. auch Abbildung 5). Sie heißt in den Materialien des Rechtschreibheftes zwar „Verlängern", weil sie unter diesem Terminus in unterrichtlichen Kontexten gemeinhin eingeführt ist, genau genommen handelt es sich jedoch um die Bildung der zweisilbigen Basis- oder Schlüsselform, die die wichtigen phonographisch-silbischen Informationen der Wortformen einer Wortfamilie enthält.

Abbildung 5: Strategiezeichen für das Bilden der zweisilbigen Basisform

Insbesondere bei Verben kann der Terminus „Verlängern" Schülerinnen und Schüler in die Irre führen (z. B. *kippt* – Basisform = *kippen* und nicht *kippte*). Hier sollte gemeinsam erarbeitet werden, wie die zweisilbige Basisform gefunden werden kann: Bei Präsensformen und schwachen Präteritumsformen: wir-Form im Präsens (z. B. *sie sagte – wir sagen*), bei starken Präteritumsformen: wir-Form im Präteritum (z. B.: *er lief – wir liefen*).

Dieses zweischrittige Konstruktionsprinzip (erstens zweisilbige Basisform bilden, zweitens Silbenprobe; vgl. Hinney 1997) ist die Basis der Aufgaben 22–23 für einsilbige Wörter und vieler Aufgaben in Teil B des Heftes.

Auch die *ä/äu*-Schreibung folgt dem Prinzip der morphologischen Konstanz. Um zu überprüfen, ob ein Wort mit *ä* oder *äu* geschrieben wird, muss eine verwandte Wortform mit *a* oder *au* gefunden werden: *wässrig – Wasser, häufig – Haufen, ängstlich – Angst, Bäume – Baum, Zähne – Zahn.* Dies ist häufig, aber nicht immer ein einsilbiges Wort der Wortfamilie. Als Strategiezeichen dient der Blitz:

Abbildung 6: Strategiezeichen zum Ableiten von Wörtern mit ä/äu

Das, was für das orthographische Lernen im Kernbereich der Wortschreibung relevant ist, ist in Tabelle 2 (vgl. Hinney 2017) noch einmal zusammengefasst. Sie zeigt die fünf Baumuster und wie silbische und morphologische Schreibungen aufeinander bezogen sind: *er rennt, Rennwagen*, Grundform: rennen; *es zieht, Ziehwagen*, Grundform: *ziehen; Los, Losbude*, Grundform: *Lose* usw.

Teil B: Wortbausteine in Wörtern untersuchen

Die Wortbildungsmöglichkeiten im Deutschen sind von einer hohen Produktivität geprägt, die ständig zu Neuschöpfungen und Bedeutungsnuancierungen und damit zu einer ständigen Erweiterung des Wortschatzes führt. Das Deutsche verfügt wegen seiner produktiven Wortbildungsverfahren über komplexe und lange Wörter (insbesondere bei den Inhaltswörtern), die besondere Herausforderungen an Schreibende und Lesende stellen. Die Einsicht in die Struktur komplexer Wörter hilft deshalb beim richtigen Schreiben und beim schnellen Lesen.

Die wichtigsten Wortbildungstypen sind die Komposition (die *Schultür, der Hausbau, schwarzweiß*),

Tabelle 2: Wie die Strukturen der zweisilbigen an einsilbige und komplexe Wörter vererbt werden (vgl. Hinney 2017):

	Zweisilbige Basisformen	**Ableitungen beim einfachen Wort, Einsilber**	**Ableitungen bei komplexen Wörtern; Derivat, Kompositum**
Baumuster 1 (offene Hauptsilbe) alle Vokalbuchstaben, Schreibdiphthonge und <ie>	*malen, Töne* *schreien, lieben*	*er malt, Ton* *schreit, liebt*	*Malschule, Tonkunst* *Schreihals, Liebling*
Baumuster 2 (geschlossene Hauptsilbe)	*Kante, Helme, kalte* *Gurke, starke, arme*	*Helm, kalt* *stark, stärker, arm, ärmer*	*Helmpflicht, Kaltspeise Starkstrom*
Baumuster 3 (geschlossene Hauptsilbe): doppelter Konsonantbuchstabe als Notation eines Silbengelenks, auch *ck* und *tz* Mehrgraphen werden nicht verdoppelt: <ng> <sch> <ch>	*Betten, kommen* *backen, kratzen* *Hunger, Fische, kochen*	*Bett, er kommt* *es backt, kratzt* *er fischt, kocht*	*Bettbezug* *Backstube, Kratzbürste* *Fischstube, Kochstube*
Baumuster 4 (offene Hauptsilbe): silbeninitiales h	*Rehe, gehen, flehen, frühe*	*Reh, er geht, fleht, früh*	*Rehkitz, Gehstock, Frühstück, Frühling*
Baumuster 5 (Dehnungs-h) **(Peripheriebereich)**	*fahren, Zähne, lehnen, dehnen*	*er fährt, Zahn, er lehnt, dehnt*	*Fahrbahn, Zahnschiene, Lehnstuhl, Dehnung*

Wortbildung			
Komposition	Derivation		Konversion
	Präfigierung	Suffigierung	
Ziehbrücke	*beziehen, abziehen*	*Ziehung, ziehbar*	*das Ziehen*

Übersicht 2: Wortbildungstypen

die Derivation (*abbiegen, riesig, die Freiheit, die Ablösung*) und die Konversion (*das Blau, das Singen, biken*) (s. Übersicht 2).

Durch Wortbildung können sehr komplexe Wörter entstehen, die zu sehr großen Wortfamilien führen können: *Weltmeisterschaftsspielübertragung, Schuljahresabschlussballkleidverkauf*. Komplexe Wörter sind binär strukturiert und sind damit immer aus zwei unmittelbaren Konstituenten zusammengesetzt (*Weltmeisterschaftsspiel + übertragung, Schuljahresabschlussballkleid + verkauf*), die die semantisch-lexikalischen und grammatischen Merkmale der Konstruktion bestimmen (vgl. Bangel 2017; Fuhrhop/Müller 2018). Dennoch ist es u. a. für die Herleitung von Schreibungen sinnvoll, das Zerlegen von komplexen Wörtern in all ihre Konstituenten (Wortbausteine) mit den Schülerinnen und Schülern zu erarbeiten und zu üben (Aufgaben 3, 5, 11, 12).

Im Rechtschreibheft folgt im Wortbildungsteil auf eine einleitende Aufgabe zu Wortfamilien (Aufgabe 1) eine Aufgabe zum Erforschen von Komposita (Aufgabe 2). Bei Determinativkomposita spezifiziert das Erstglied (das Bestimmungswort) das Zweitglied (das Grundwort). Das Grundwort gibt die grammatischen Merkmale des Gesamtwortes vor. Nach ihm richtet sich die Flexion und das Genus. Bei seltener vorkommenden Kopulativkomposita sind die Konstituenten gleichrangig (*süßsauer, schwarzweiß*).

Durch Derivation entstehen neue Wörter aus bestehenden Wortstämmen durch das Anfügen von Affixen. Die Präfigierung ist sehr produktiv für Verben und führt in der Regel zur Bedeutungsnuancierung (*ziehen – beziehen – anziehen – verziehen – entziehen*) (Aufgabe 4). Die Ausgangsverben werden entweder durch ein Präfix (*be-, ent-, er-, ver-, zer-*) oder durch eine Verbpartikel (*ab-, an-, auf-, vor-*) linksseitig erweitert (*beziehen, anziehen*). Der Unterschied zwischen mit Präfixen bzw. Verbpartikeln erweiterten Verben besteht darin, ob sie zu Trennbarkeit führen oder untrennbar sind. Präfixe sind nicht vom Wortstamm trennbar, im Partizip II gibt es kein *ge-*, und das *zu* im zu-Infinitiv bleibt außerhalb des Wortes: *Sie bezieht die Wohnung. Sie hat die Wohnung bezogen. Sie hat vor, die Wohnung bald zu beziehen.* Die Verbpartikeln sind hingegen vom Verb trennbar: *Sie zieht das Kleid an. Sie hat das Kleid angezogen. Sie hat vor, das Kleid anzuziehen* (Aufgabe 5).

Präfixe, die sich als Bestandteil einer komplexeren Wortbildung nicht am Wortanfang, sondern in der Mitte des Wortes befinden, können für Schülerinnen und Schüler unter Umständen schwerer zu identifizieren sein (z. B. *Selbstvertrauen, Lernvertrag*). Vor allem im Hinblick auf die besonders fehleranfälligen Schreibungen der Präfixe *ver-* und *vor-* sollten auch solche schwierigen Konstruktionen mit den Schülerinnen und Schülern untersucht werden (Aufgabe 6). Eine weitere orthographische Schwierigkeit stellen Wörter dar, deren Präfix mit demselben Konsonantbuchstaben endet, mit dem auch das Basiswort beginnt (z. B. *verrechnen, auffinden, annehmen*) (Aufgabe 7).

Bei der Suffigierung wird der Wortstamm durch ein Suffix nach rechts erweitert (*Ziehung, ziehbar*), es erfolgt häufig ein Wortartwechsel. Besonders Nomen und Adjektive entstehen so (Aufgabe 8). Aus orthographischer Perspektive bereitet besonders die Schreibung des Suffixes *-ig* vielen Schülerinnen und Schülern Probleme. Um hier Schreibsicherheit zu erlangen, ist es wichtig, die Wortbildungsstruktur zu durchschauen und die Suffixe *-ig* und *-lich* voneinander abgrenzen zu können (Aufgabe 9). Die Bildung von Wörtern mit den Suffixen *-chen* und *-lein* kann dabei helfen, den Stamm der Ausgangswörter zu identifizieren (z. B. *Auge – Äuglein, Affe – Äffchen,* aber: *Bruder – Brüderchen, Ritter – Ritterchen*). Andersherum ist es wichtig, dass Schülerinnen und Schüler diese Verniedlichungsformen (Diminutiva) mit den jeweiligen zweisilbigen Basisformen in Verbindung bringen können, um die richtige Schreibung herzuleiten (Aufgabe 10).

Die Konversion ist ebenfalls hochproduktiv und vor allem für die Groß- und Kleinschreibung relevant, da hierbei ein Wortartwechsel erfolgt, ohne dass sich die morphologische Struktur des Wortes verändern muss. Dies trifft vor allem auf die syntaktische Konversion zu (*das Grün, das Für und Wider, das Ach und Weh, das Singen, das Laufen, das Schöne*). Nur bei der morphologischen Konversion, die häufig auch als implizite Derivation eingeordnet wird, verändert sich die morphologische Struktur des Wortes: *der Lauf, der Sprung, der Treff.* Bei der morphologischen Konversion übernimmt das Zielwort alle Eigenschaften der Wortart, in die der Wechsel erfolgte: Nomen können beispielsweise in der Regel einen Plural bilden (*die Läufe, die Sprünge, die Treffen*), was bei Wörtern, die durch syntaktische Konversion entstanden sind, nur selten möglich ist (*das Essen – die Essen*).

Unter orthographischer Perspektive ist besonders wichtig, dass auch bei wortgebildeten Wörtern die morphologische Konstanz die Schreibung bestimmt. Um dies zu lernen, können Wörter in ihre Bestandteile zerlegt, zu den Wortstämmen die zweisilbige Basisform gebildet und diese dann mit der Silbenprobe untersucht werden. Als zusätzliche Strategie wird dafür das Zerlegen in Wortbausteine genutzt (Aufgaben 3, 5, 12; s. Abbildung 7).

Abbildung 7: Strategiezeichen für das Zerlegen komplexer Wörter in ihre morphologischen Bestandteile

Zu den Stämmen kann dann die zweisilbige Basisform gebildet werden, die wiederum alle relevanten Informationen zur Schreibung enthält.

Teil C: Großschreibung in Sätzen untersuchen

Die satzinterne Großschreibung ist eine weitere Besonderheit des deutschen Schriftsystems. Als Grundregel gilt: Erweiterbare Kerne von Nominalgruppen werden großgeschrieben. Der Kern einer nominalen Gruppe befindet sich an ihrem rechten Rand (vgl. Maas 1992, Eisenberg 2006). Um entscheiden zu können, ob ein Wort im Satz großgeschrieben wird, müssen Schülerinnen und Schüler also den erweiterbaren Kern der Nominalgruppe bestimmen können. Dazu bietet sich v. a. die Erweiterungsprobe mit Adjektivattributen an, denn diese stehen im Gegensatz zu Artikelwörtern immer direkt vor dem großzuschreibenden Wort (z. B. *die große Überraschung*). In der Schreibpraxis führt die Artikelprobe häufig zu Schreibungen wie *die *Große *überraschung*, weil der Kern der Nominalgruppe nicht erkannt wird, sondern mechanisch nach dem Artikelwort großgeschrieben wird.

Um die Erweiterungsprobe zu verstehen und zu üben, bieten sich zunächst Treppentexte an, die verdeutlichen, dass der Kern der Nominalgruppe immer am rechten Rand der Gruppe steht und dieser Kern durch Adjektivattribute erweitert werden kann (vgl. Röber-Siekmeyer 1999). Der großzuschreibende Kern der Nominalgruppe rückt durch die Erweiterungen immer mehr an den rechten Rand der Gruppe (Aufgabe 1). Die Erweiterungsprobe kann ebenfalls an Sätzen erprobt werden (Aufgaben 2, 3, 10, 11). Als Strategiezeichen für die Erweiterungsprobe kann das in Abbildung 8 genutzt werden:

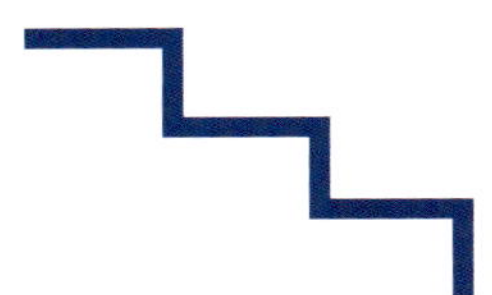

Abbildung 8: Strategiezeichen für die satzinterne Großschreibung

Es muss im Lernprozess deutlich werden, dass die Erweiterungen tatsächlich Adjektivattribute sein müssen. Sie müssen eine Flexionsendung haben, also eine Endung, die ein *e* enthält: *-e, -en, -em, -er* (Aufgaben 4–6). Wenn die Schülerinnen und Schüler diese Sicherheit nicht haben, kann es passieren, dass auch Erweiterungen durch Partikeln oder adverbial gebrauchte Adjektive (*Die Suppe schmeckt sehr *Lecker; Die Wand ist schön *Bemalt*) zur Großschreibung führen.

Zusätzlich bietet es sich an, die Umstellprobe – oder noch günstiger die Vorfeldprobe – einzuüben, um Nominalgruppen gut abgrenzen zu lernen (Aufgaben 7–8). Dabei können die Schülerinnen und Schüler entdecken, dass jeweils das letzte Wort einer erweiterbaren Nominalgruppe großgeschrieben wird (Aufgabe 8). Dieses Verfahren hat allerdings auch seine Grenzen: Bei präpositional angeschlossenen Attributen und Genitivattributen liegen zwei nominale Kerne vor, wobei nur einer durch die Umstellprobe ermittelt werden kann (z. B. *Der Hund meines Freundes ist niedlich. Niedlich ist der Hund meines Freundes.*). Die Umstellprobe dient in erster Linie dazu, die Schülerinnen und Schüler darin zu unterstützen, einen Blick für Satzstrukturen zu entwickeln. Später kann man sich ausschließlich auf das Erweitern beschränken.

Die Erweiterungsprobe ermöglicht es, dass auch Wörter, die sich im Satz bzw. in der Wortgruppe wie Nomen verhalten (aber in anderen Kontexten keine sind, vgl. Konversionen; Übersicht 2) und deshalb großgeschrieben werden müssen, widerspruchsfrei erfasst werden können. Eine ständige Erweiterung des Großschreibungskonzepts, wie es traditionell den Schülerinnen und Schülern immer wieder abverlangt wird, kann entfallen (also Merksätze wie: *Verben schreibt man eigentlich klein. Wenn sie nominalisiert sind, werden sie großgeschrieben*).

Die satzinterne Großschreibung bleibt auch mit diesem auf wenige Handlungsschritte begrenzten Verfahren ein schwieriger Bereich der deutschen Orthographie. Deshalb gilt auch hier, dass zum einsichtsvollen Lernen eine reflektierte Schreibpraxis gehört.

Der Peripheriebereich ist nicht Gegenstand der Aufgaben im Heft. Großschreibungen, die sich nicht auf erweiterbare Kerne beziehen, sollten erst dann thematisiert werden, wenn der Kernbereich sicher beherrscht wird – und wenn sie in der Schreibpraxis der Schülerinnen und Schüler vorkommen (Aufgaben und Erklärungen: vgl. Müller 2019).

Teil D: Rechtschreibstrategien nutzen

Entdeckendes Lernen, wie es den Aufgaben des Rechtschreibhefts zugrunde liegt, ist an den Einsatz von Strategien gebunden. Dazu gehören das Vergleichen und Ordnen, wie es z. B. die Aufgaben zur Unterscheidung von offenen und geschlossenen Silben in Teil A verlangen, aber auch das Erarbeiten von syntaxbasierten Kriterien, die zur Großschreibung führen, in Teil C.

Um solcherart strategisches Handeln zu festigen, enthält Teil D des Hefts Aufgaben, die mit Hilfe der Strategien, die die Schülerinnen und Schüler bei der Bearbeitung der Aufgaben bereits kennengelernt haben, gelöst werden sollen. Die Strategien sind in diesen Aufgaben durch die im Heft verwendeten Zeichen vorgegeben (Zweisilber untersuchen, zweisilbiges Schlüsselwort suchen, Verlängern, Ableiten, Wörtern in Wortbausteine zerlegen). Je ein Beispiel illustriert, wie die Aufgaben zu lösen sind.

Zunächst gibt es Aufgaben, in denen die richtige Schreibung begründet werden soll (Aufgaben 1–3). Danach folgen Aufgaben, in denen falsch geschriebene Wörter korrigiert werden müssen und die Entscheidung mit Hilfe der Strategien zu begründen ist (Aufgaben 4–5). In Aufgabe 6 werden dann falsch geschriebene komplexe Wörter angeboten, die zunächst in ihre Bestandteile zerlegt werden müssen. In Aufgabe 7 muss zusätzlich das fehlerhafte Wort in einem Satz gefunden werden.

Die Aufgaben aus diesem Heftteil beziehen sich ausschließlich auf die Wortschreibung (Teil A und

Mitten in der Nacht wachte Leo von einem seltsamen Geräusch auf. Er wollte aufstehen, um herauszufinden, woher das Geräusch gekommen war. Er schaltete seine Nachttischlampe an und erschrak,

der schrifte hörte. Langsam und ängstlich gingen ins Zimmer seiner Schwester, aber sie schliff. Doch dann klopfte etwas gegen das Fenster. Aber es war nur ein Ast. Er ging ins Zimmer seiner Eltern. Dann hörte er was unter dem Bett. Er kuckte unter das Bett.

Abb. 9: Schülertext (Klasse 5) mit Korrekturzeichen der Lehrkraft

B), da das strategische Vorgehen mehrschrittig und komplex ist und von den Schülerinnen und Schülern immer wieder eingeübt werden muss. Die Strategiezeichen (zusätzlich dann auch die Treppe für die satzinterne Großschreibung) können ebenso als Korrekturzeichen für die Überarbeitung eigener Texte genutzt werden. So geben sie den Schülerinnen und Schülern bereits Hinweise

- auf die Art des Fehlers und
- auf seine Behebung (s. Abbildung 9).

Teil E: Mit Texten üben

Um die Automatisierung von Schreibungen durch weiteres Üben anzustoßen, enthält dieser Teil kleine Texte, die sich die Schülerinnen und Schüler gegenseitig diktieren können, um zu einer größeren Geläufigkeit zu gelangen. Je nach Klassenstufe und Lernentwicklung der Lerngruppe können die Texte auch abgeschrieben, schwierige Wörter können markiert und ihre Schreibung mit den Strategien kann erklärt werden.

Literatur

Bangel, Melanie (2014): Warum Pilz und nicht Piltz? Spielerisch über Schreibungen reflektieren. In: PRAXIS DEUTSCH 248, S. 31–35.

Bangel, Melanie/Bredel, Ursula/Hinney, Gabriele/Müller, Astrid/Reißig, Tilo/Schröder, Etje/Hindte, Dorothea von (2017): Wir lernen Lesen – vom Wort zum Satz zum Text. Hamburg: Rohr Verlag (Bildung & Erziehung).

Bredel, Ursula (2010): Der Schrift vertrauen. Wie Wörter und ihre Strukturen entdeckt werden können. In: PRAXIS DEUTSCH 221, S. 14–21.

Eisenberg, Peter (2006): Das Wort. Grundriss der deutschen Grammatik. 3. Auflage. Stuttgart u. a.: Metzler.

Hinney, Gabriele (1997): Neubestimmung von Lerninhalten für den Rechtschreibunterricht. Ein fachdidaktischer Beitrag zur Schriftaneignung als Problemlöseprozess. Frankfurt a. M.: Lang.

Hinney, Gabriele (2017): Wortschreibung. In: Baurmann, Jürgen/Kammler, Clemens/Müller, Astrid (Hrsg.): Handbuch Deutschunterricht. Theorie und Praxis des Lehrens und Lernens. Seelze: Klett/Kallmeyer (Reihe Praxis Deutsch), S. 263–267.

Maas, Utz (1992): Grundzüge der deutschen Orthographie. Tübingen: Niemeyer.

Müller, Astrid (2019): Rechtschreiben lernen. Die Schriftstruktur entdecken – Grundlagen und Übungsmaterialien. 3. Auflage. Seelze: Kallmeyer.

Röber-Siekmeyer, Christa (1999): Ein anderer Weg zur Groß- und Kleinschreibung. Leipzig u. a.: Klett.

Schröder, Etje (2014): Über Fehler sprechen – Schreibungen untersuchen lernen. In: PRAXIS DEUTSCH 248, S. 24–30.

Informationen zum silbentrennenden h und zur Silbengelenkschreibung

Was ist das silbentrennende h?
Welche Funktion hat es?

Das silbentrennende h steht im Zweisilber immer zwischen den Vokalbuchstaben und zeigt, wo die Grenze zwischen den Schreibsilben liegt. Wenn man das Wort spricht, hört man das h nicht.

Was ist eine Silbengelenkschreibung?
Welche Funktion hat sie?

In manchen Wörtern mit geschlossener Silbe hört und spricht man nur einen Konsonanten in der Wortmitte. Er gehört zu beiden Silben und bildet ein Silbengelenk, denn er verbindet beide Silben miteinander. Beim Schreiben wird dieser Konsonantbuchstabe verdoppelt: *schwimmen, kennen, raffen, küssen,* der *Koffer*, die *Karre*.

Die Silbengelenkschreibung gibt dem Leser folgenden Hinweis: Die erste Silbe ist geschlossen, also wird der Stammvokal kurz und ungespannt gesprochen.

Bildnachweise

S. 9 und 14 (Silbenhäuser): Bredel, Ursula (2010): Der Schrift vertrauen. Wie Wörter und ihre Strukturen entdeckt werden können. In: *PRAXIS DEUTSCH* 37 (221), S. 14–21.

S. 16 (Illustrationen): Natalia Barskaya

S. 40 (Illustration Löwe): Axel Nicolai

Die Zusammenstellung der Aufgaben orientiert sich in wesentlichen Teilen an:

Müller, Astrid (2019): *Rechtschreiben lernen. Die Schriftstruktur entdecken – Grundlagen und Übungsvorschläge.* 3., überarbeitete Auflage. Hannover: Kallmeyer in Verbindung mit Klett.

In dem Buch finden sich ausführliche Erläuterungen zur Funktion der Aufgaben im Rechtschreiblernprozess und weitere Aufgaben zu anderen Rechtschreibbereichen (Fremdwortschreibung, Getrennt- und Zusammenschreibung).

Unter **www.friedrich-verlag.de** finden Sie Materialien zum Buch als Download.
Bitte geben Sie den achtstelligen Download-Code in das Suchfeld ein:
d31472ss

Bibliografische Information der Deutschen Nationalbibliothek
Die Deutsche Nationalbibliothek verzeichnet diese Publikation in der Deutschen Nationalbibliografie; detaillierte bibliografische Daten sind im Internet über http://dnb.d-nb.de abrufbar.

Impressum

Melanie Bangel, Astrid Müller (unter MItarbeit von Ann Hölzen)
Wörtern und Sätzen auf der Spur
Lösungen und Kommentare für Lehrkräfte

2. Auflage

Friedrich Verlag GmbH
Luisenstraße 9
D-30159 Hannover

www.friedrich-verlag.de

Redaktion: Ursula Flemmer
Illustrationen: Anne Mayet
Druck: Zimmermann Druck + Verlag GmbH, Osemundstr. 11, 58636 Iserlohn
Printed in Germany

ISBN: 978-3-7727-1472-6